Peter Braun

Mutige Frauen

Peter Braun

Mutige *Frauen*

Flintenweiber, Königinnen, Kurtisanen

arsEdition

Impressum

Text: Peter Braun
Gestaltung Innenteil: Angelika Schön

Bildnachweis:

S. 6/7: picture alliance / akg-images; S. 8/9: picture alliance / akg-images / Erich Lessing, picture alliance / akg-images; S. 10/11: picture alliance / akg-images; S. 12/13: picture alliance / akg-images, picture alliance / akg-images; S. 14/15: picture alliance / Gary Cook / Robert Harding; S. 16/17: picture alliance / Mary Evans Picture Library; S. 18/19: picture alliance / landov, picture alliance / Everett Collection, picture alliance / akg-images, picture alliance / akg-images; S. 20/21: picture alliance / akg-images; S. 22/23: picture alliance / akg-images; S. 24/25: picture alliance / united archives, picture alliance / Courtesy Everett Collection; S. 26/27: picture alliance / dpa; S. 30/31: picture alliance / Everett Collection; S. 32/33: picture alliance / Everett Collection; S. 34/35: picture alliance / Everett Collection; S. 38/39: picture alliance / united archives / TopFoto; S. 40/41 picture alliance / akg-images, picture alliance / Artcolor, picture alliance / landov, picture alliance / Imagno; S. 42/43: www.firstworldwar.com; S. 44/45 picture alliance / akg-images; S. 46/47: picture alliance / akg-images, picture alliance / Mary Evans Picture Library; S. 48/49: picture alliance / Mary Evans Picture Library; S. 50/51: picture alliance / Mary Evans Picture Library, picture alliance / Mary Evans Picture Library; S. 52/53: picture alliance / Mary Evans Picture Library; S. 54/55: picture alliance / Mary Evans Picture Library, picture alliance / Mary Evans Picture Library; S. 58/59: picture alliance / akg-images; S. 60/61: picture alliance / akg-images; S. 62/63: picture alliance / akg-images; S. 64/65: picture alliance / akg-images; S. 66/67: picture alliance / akg-images; S. 70/71: picture alliance / akg-images, picture alliance / IMAGNO/ NB ; S. 72/73: picture alliance / akg-images, picture alliance / IMAGNO/Austrian Archives; S. 76/77: picture alliance / akg-images; S. 80/81: picture alliance / akg-images, picture alliance / akg-images; S. 82/83: picture alliance / akg-images; S. 84/85: picture alliance; S. 86/87: picture alliance / The Advertising Archives; S. 88/89: picture alliance / dpa; S. 90/91: picture alliance / akg-images; S. 92/93: picture alliance / akg-images; S. 94/95: Getty Images; S. 96/97: picture alliance / ZB, picture alliance / ZB; S. 98/99: picture alliance / akg-images; S. 100/101: picture alliance / dpa, picture alliance / Mary Evans Picture Library; S. 102/103: picture alliance / maxppp, picture alliance / dpa; S. 106/107: picture alliance / dpa; S. 108/109: picture alliance / united archives; S. 110/111: picture alliance / dpa; S. 112: picture alliance / dpa

In einigen Fällen war es nicht möglich, für den Abdruck der Bilder die Rechteinhaber zu ermitteln. Honoraransprüche der Künstler, Verlage und ihrer Rechteinhaber bleiben erhalten.

ISBN 978-3-7607-9978-0
Printed by Tien Wah Press

www.arsedition.de

Inhalt

Jeanne d'Arc, kolorierter Stahlstich, 19. Jahrhundert

Vorwort

„Von Zeit zu Zeit sollen Frauen all das tun, was Männer bereits getan haben, und gelegentlich etwas, was Männer noch nicht getan haben, dadurch können sie sich als Persönlichkeiten erweisen und andere Frauen zu größerer Unabhängigkeit im Handeln und Denken ermutigen."

Amelia Earhart

Königen, Feldherren, Eroberern, Forschern wurde gehuldigt, ihre Taten besungen, ihre Leistungen bejubelt. Fehlschläge zählen nicht, Verlierer werden vergessen, der Sieger ist alles, der Zweite nichts, überall, zu allen Zeiten, auf allen Gebieten. Und so noch immer. Bert Brecht aber fragte zu Recht: „Der junge Alexander eroberte Indien. Er allein? Caesar schlug die Gallier. Hatte er nicht wenigstens einen Koch bei sich? Philipp von Spanien weinte, als seine Flotte untergegangen war. Weinte sonst niemand?" Seiner Fragen Antwort: Ja, natürlich. Doch die Geschichte des spanischen Seemanns, der beim Untergang der Armada jämmerlich ersoff, wurde nicht geschrieben, und schon gar nicht die seiner weinenden Frau. Was tat sie, als der Sold ausblieb, wie brachte sie die Kinder durch? Almosen erbetteln, Haus und Hof verlieren, sich als Dirne durchschlagen? Die Toten der Schlachtfelder werden zumindest gezählt, die hungrigen Mäuler zu Hause zählt keiner. Die Witwe, die Mutter, die Freundin, die Braut, die Geliebte, die Tochter bleiben stumm im Dunkeln. Kinder, Küche, Kirche, Heim und Herd – sittsam mussten sie sein, fruchtbar, züchtig, brav, still, und gebeugt die Äcker bestellen, als kochende, waschende, putzende Sklaven ihrer Herren, seit jeher. Doch nicht nur das, denn durch die Kirchenherrschaft galten sie zudem als sündige Einfallspforte des Teufels. Die Hexenverfolgungen des späten Mittelalters und des Barock, denen Tausende zum Opfer fielen, sprechen Bände. Einmal verhaftet, war ein Entkommen kaum möglich. Katharina Kepler, die Mutter des Astronomen Johannes Kepler, war eine der wenigen, die das Glück hatten. Dennoch starb sie nach den grausamen Haftbedingungen kaum ein halbes Jahr später 1622. Frauen: eine Strafe des Herrn, ein Mangel der Natur, ein tolles Tier, ein schwaches Gefäß und Werkzeug. Über Jahrhunderte wurde der Streit geführt, ob Frauen überhaupt vollwertige Menschen seien, und gebildete Frauen waren verdächtig noch bis ins 20. Jahrhundert hinein. Max Planck: „Amazonen sind auch auf geistigem Gebiet naturwidrig." Ihr Gehirn sei zu schwach, um scharf nachzudenken, ihr Schädel sei schlicht zu klein für ein leistungsfähiges Gehirn, und überhaupt schade das Denken der Fruchtbarkeit. Ein zünftiges Handwerk durften sie daher nicht erlernen, nicht zur Schule gehen, Hochschulen waren ihnen verschlossen. Johann Gottfried Herder: „Eine Henne, die da krähet, und ein Weib, das gelehrt ist, sind üble Vorboten: Man schneide beiden den Hals ab."

Wie der ertrunkene Seemann stehen auch sie nicht in den Büchern der Geschichte. Selten, sehr selten treten sie aus dem Schatten ans Licht, oft genug verspottet, ausgelacht, belächelt, angefeindet als Mannweiber, Flintenweiber, männerverschlingende Verführerinnen. Wurden Frauenleben aufgezeichnet, dann allenfalls die von Herrscherinnen oder in süßlichen Heiligenlegenden. Selbst eine Kleopatra wäre ohne Caesar untergegangen. Frauen zählten nicht, außer als schmückendes Beiwerk. Und doch: Langsam, langsam waren sie nicht mehr gewillt, die Geschichte nur den Männern zu überlassen, stumm zu sein und schweigend zu dulden. Dem Manne untertan: Anfangs nur wenige, dann immer mehr befreiten sich aus diesem Käfig, ob dem hölzernen eines

Kleopatra, Öl auf Leinwand von Alexandre Cabanel, ca. 1889

Bauernhofes oder dem goldenen eines Schlosses. Frei handeln, frei leben, frei atmen – das zu erreichen aber war unendlich schwer. Zu dick die Wände ihrer Gefängnisse aus Gesellschaftszwängen, Traditionsschranken und Religionsgrenzen, die ihnen Männer setzten. Und dennoch: Stein für Stein lösten sie mühselig aus den Mauern, um hinauszutreten und ihr Leben in die eigenen Hände zu nehmen. Die Zwänge, Grenzen und Schranken: Welche Leistung ist also größer? Die Forschungsreise des Alexander von Humboldt durch Südamerika oder die der Maria Sybilla Merian hundert Jahre vor ihm? Die erste Herzverpflanzung durch Cristiaan Barnard oder der erste und

Dorothea Erxleben,
Zeichnung

für sehr lange Zeit letzte Hochschulabschluss als Ärztin zweihundert Jahre zuvor durch Dorothea Erxleben? Die erste Ballonfahrt der Montgolfiers oder die erste der Wilhelmine Reichhard? Was brauchte mehr Willen, mehr Mut, mehr Tapferkeit in den Jahrhunderten, in denen Frauen oft genug schon verboten war, allein durch die Gassen zu gehen oder ohne Erlaubnis eines Ehemannes, Bruders, Vaters eigenen Besitz zu haben, zu lesen, zu schreiben? Dennoch, es gab sie, die Mutigen, die Tapferen, die Willenskräftigen: Jeanne d'Arc etwa, die dafür auf dem Scheiterhaufen bezahlte, oder die englische Königin Elisabeth I., die ihr Land gegen alle Fährnisse zur Weltmacht führte. In den Jahrhunderten bis zur Französischen Revolution aber gehörten sie zu den nur wenigen Leuchtfeuern, danach erst eroberten sich Frauen mehr und mehr ihre Freiheit mit zähem Kampf, und trotzdem: Das Wort der Römer „emancipare" bedeutet „einen Sklaven befreien", und die Befreiung ist in etlichen Ländern der Welt, falls überhaupt begonnen, dann noch lange nicht erreicht, und allzu viele, die für ihr selbstbestimmtes Leben eintraten, sind vergessen. Dieses Buch gehört jenen Frauen, und die Lebensbilder in ihm sind Ausnahmen, die in Erinnerung blieben. Auf dass sie in ihren Geschichten weiterleben: Marie von Wittelsbach, Amelia Earhart, Gráinne Ní Mháille ...

Calamity Jane, Studioaufnahme um 1885

Im Reich der Legende

GRÁINNE NÍ MHÁILLE UND CALAMITY JANE

Sie glauben an nichts und kämpfen für Beute, ob in der Karibik oder vor den Küsten Asiens, im Atlantik oder im Mittelmeer, und die Angst geht um auf den Schiffen, die sie angreifen, sobald am Horizont der „Jolly Roger" auftaucht, der Totenkopf mit den gekreuzten Knochen. Er weht auch über der *Revenge*, Calico Jack Rackhams Schiff, unter dessen Kommando zwei berüchtigte Piratinnen um 1720 die Karibik durchkreuzen: Anne Bonny und Mary Read, die sich als Männer verkleiden, um nicht aufzufallen. Für die abergläubischen Seeleute bringen Frauen an Bord Unglück. Nichts unterscheidet sie von den goldgierigen Seeräubern, denn sie sind genauso rasch mit Dolch oder Säbel bei der Hand: Anne Bonny tötet einen Seemann mit einem Stich ins Herz, weil er sie beleidigt. Mary Read streckt einen Piraten nieder, um ihren Geliebten zu schützen: Weil er zu jung ist, um ein Duell mit dem kampferfahrenen Korsaren zu überleben, zettelt Mary Read kurzerhand einen Streit mit ihm an. Sie werden auf einer Insel ausgesetzt, um die Herausforderung auszufechten. Ein Hieb durchtrennt Mary Reads Hemd. Der Seeräuber ist verdutzt, einen Busen zu sehen. Sie nutzt seine Verwirrung eiskalt.

Nicht nur Männer waren die Schrecken der Meere, und das zu allen Zeiten: Die Wikingerin Alfhild bemannt ein Schiff nur mit Kriegerinnen, um mit ihnen auf Beutezug zu gehen. Jahrhunderte bevor Christoph Kolumbus in See sticht, erreicht die Isländerin Gudridur Thornjarnardottir gegen das Jahr 1000 mit einem der Drachenboote „Vinland", Neufundland. Die bretonische Edeldame Jeanne de Belleville bringt um das Jahr 1350 französische Schiffe auf, um sich an Frankreich für den Tod ihres Mannes zu rächen, der auf Befehl des Königs enthauptet wurde. Die Chinesin Cheng I Sao befehligt Anfang des 19. Jahrhunderts eine Flotte von 800 Dschunken und 1000 Booten mit 70 000 Mann Besatzung auf Kaperfahrt. Die Piratinnen jedoch sind so gut wie vergessen, aber eine der vielen wurde zur Legende, weil sie für mehr als Beute kämpfte: Gráinne Ní Mháille kämpfte auch für die Freiheit Irlands.

London, Greenwich Palace, 1593. Die Engländer nennen sie Grace O'Malley, weil sie nicht Gälisch sprechen. Sie dagegen spricht kein Englisch. Aber sie spricht Französisch, Spanisch, Griechisch, vor allem aber Latein, das überall in Europa verstanden wird. Die Sprache des verhassten Feindes zu lernen, hat sie sich geweigert, und der Feind sitzt ihr nun gegenüber: die englische Königin Elisabeth I. Beide sind nahezu gleich alt. Gráinne Ní Mháille ist über sechzig Jahre, und barfuß steht sie vor der mächtigsten Frau Europas, doch gerade und aufrecht, denn sie buckelt nicht. Vor niemandem. Ihr Leben aber steht auf Messers Schneide. Freies Geleit war ihr zugesichert worden, aber ein Wort der Königin genügt für Kerker oder Hinrichtung. Doch was keiner sonst wagen würde, sie wagt es. Die Königin reicht ihr die Hand zum Kuss – den sie ablehnt. Ihre Feinde am englischen Hof lächeln. Diese Beleidigung der Königin muss ihr Ende sein.

Für die Engländer ist sie nur eine berüchtigte Piratin, deren Kaperschiffe vor der irischen Küste kreuzen, in Irland aber ist sie wie Elisabeth eine Herrscherin, die den Clan der Mháille im Kampf

Elisabeth I. von England, Kupferstich, 18. Jahrhundert

Königin Elisabeth I. von England schlägt den Freibeuter Francis Drake im Jahr 1581 an Bord seines Schiffes *Golden Hind* zum Ritter, Radierung

gegen England führt. Auf Gráinne Ní Mháille ist seit Jahren ein Vermögen als Kopfgeld ausgesetzt, und dennoch hat sie sich in die Hand des Feindes begeben, der Irland seit Jahrhunderten unter seine Knute zwingt. Sie aber bettelt nicht, sie fordert: die Freilassung ihrer Söhne und deren Halbbruders, die in Irland Gefangene der Krone sind. Im Gegenzug bietet sie an, künftig mit Schwert und Feuer gegen Englands Feinde zu kämpfen. Und England hat viele Feinde.

Dass Gráinne Ní Mháille eine Piratin ist, stört die Königin wenig. John Hawkins, Francis Drake oder Martin Frobisher – die Kapitäne der englischen Flotte sind selbst Freibeuter, und obwohl sie die spanische Armada wenige Jahre zuvor, 1588, im Ärmelkanal schlugen, ist Spanien zur See noch immer gefährlich. England braucht Verbündete, um seine Gegner von der Insel fernzuhalten und die Vorherrschaft auf den Weltmeeren zu erobern, auf deren Handelsrouten die Gewürze Asiens und das Gold der Neuen Welt Reichtum nach Europa spülen. Ihre Berater flüstern der Königin zu, der verdammten Irin nicht zu trauen, doch Elisabeth I. geht auf den Handel ein. Gráinnes Wagemut hat sie beeindruckt, und sie beide gleichen sich nicht nur im Stolz, denn beide sind Frauen, die in der brutalen Männerwelt aus Krieg und Mord nicht nur überlebt, sondern die Macht errungen haben, die sie bis zu ihrem Tod behalten werden. Der Überlieferung nach auf der irischen Burg Rockfleet wird Gráinne Ní Mháille 1603 sterben, im gleichen Jahr wie ihre Gegenspielerin Elisabeth.

„Terra Marique Potens" – „Mächtig zu Land und auf dem Meer" – steht unter einem Keiler und einem Viermastsegler auf der Flagge des Clans der Mháille, in den Gráinne hineingeboren wird. Nur wenig ist über sie bekannt. Zu sehr überwuchert die Legende ihr Leben, das in Irland noch nach Jahrhunderten in Liedern besungen wird. Um 1530 etwa kommt sie zur Welt, wohl auf Cliara Island, einer Insel in der Clew Bay vor Westirland, deren Klippen steil abfallen zu den sturmgepeitschten Wellen des Atlantiks. Sie wächst an der rauen Küste in den hoch gemauerten Wohntürmen des Clans auf, hinter deren Zinnen die Wachen auf der Hut sind, denn die irischen Clans bekämpfen sich untereinander bis aufs Blut. Gut für England, das gewillt ist, ganz Irland zu unterjochen. Teile und herrsche. Die Wohntürme sind Festungen, denn in den Clankriegen drohen ständig Überfälle. Dazu die Angriffe der Engländer oder Raubzüge der Schotten, die über das Meer kommen, um Vieh zu stehlen. Gráinne lernt früh: Ein Menschenleben zählt nichts in dem grausamen Abschlachten, in dem sich die Clans gegenseitig an den Hals gehen oder sich vor Eindringlingen schützen.

Ihr Vater Eoghan hört wie die meisten Iren auf keinen christlichen Namen. Er nennt sich „Dubhdaire“, „Schwarze Eiche“. Sie selbst wird bald „Mhaol“ gerufen, „Kahlkopf“: Der Clan der Mháille lebt von Fischfang und vom Seehandel. Gráinne Ní Mháille bekniet Dubhdaire, sie auf eine Handelsfahrt nach Spanien mitzunehmen. Sie will lernen, ein Schiff zu steuern. Ihre Mutter verbietet das glattweg, ein junges Mädchen hat auf See nichts verloren, und auch ihr Vater ist dagegen, denn er kennt die üblen Sitten an Bord und die Gefahren der See. Seine Mannschaft ist nicht eben zimperlich und die Fahrt ist lang. Tag für Tag ihre roten Haare an Deck zu sehen – wer weiß, was geschieht, zumal sie eine Schönheit geworden ist. Wütend schneidet sich Gráinne Ní Mháille daher die Locken ab. Dubhdaires Männer lachen den „Kahlkopf“ gutmütig aus, aber sie ertrotzt sich damit ihren Willen und lernt über die Jahre, ein Schiff sicher zu führen und jede Handbreit der gefürchteten irischen See zu meistern, deren heimtückische Untiefen und Strömungen der spanischen Armada Schlimmeres zufügen werden als die englischen Brandschiffe in der Seeschlacht im Kanal vor England.

Mit sechzehn wird Gráinne Ní Mháille ungefragt verheiratet. Dónall an Chogaidh, Dónall von den Schlachten, gehört zum Clan der O’Flaherty, der für seinen Kampfesmut berühmt ist. Er gilt als Nachfolger des Clanführers, der in Irland nicht durch Geburt bestimmt ist. Clanführer werden gewählt. Drei Kinder gebiert Gráinne Ní Mháille ihm: die Söhne Eoghan und Maor und die Tochter Margaret. Seine Raubzüge aber werden Dónall an Chogaidh, der von seinen Kriegern „der Hahn“ genannt wird, zum Verhängnis: Nachdem er eine Burg des feindlichen Clans der Joyce erobert hat, der das Land ringsum beherrscht, wird sie zum Spott „Cock’s Castle“, Hahnenburg, genannt. Die Joyce aber rächen sich an ihm. Sie lauern ihm bei einer Jagd auf. 1560 wird er erschlagen und die Burg angegriffen. Die Joyce aber machen die Rechnung ohne Gráinne Ní Mháille. Die Besatzung der Burg unterstellt sich ihr, die sie geschickt verteidigt. Die Joyce werden in die Flucht geschlagen. Doch auch die Engländer, die in Irland auf dem Vormarsch sind, trachten nach der Burg. Sie lässt daher Leuchtfeuer an der Küste errichten, die entzündet werden, um die Clankrieger herbeizurufen, sobald die überlegenen englischen Truppen anrücken. Abermals hält sie die Burg, nun gegen den Ansturm der Engländer. Die Burg wird deshalb umbenannt. Aus „Cock's Castle" wird „Hen's Castle", „Hennenburg".

Gráinne Ní Mháille hat sich unter den hartgesottenen Iren bewährt. Weil ihre Führerschaft des Clans aber abgelehnt wird, die sie für sich beansprucht, verlässt sie die O'Flaherty, und viele der Männer, die sie zum Sieg führte, folgen ihr zurück an die Küste, denn ihr eigener Clan wählt sie nach dem Tod Eoghan Dubhdaires zur Anführerin, und von Cliara Island aus sichert sie das Gebiet der Mháille. Ihre wirkliche Herrschaft aber liegt auf See. Sie übernimmt den Seehandel ihres Vaters, segelt nach Portugal und schmuggelt Wein, Gewürze, Glas und Seide nach Irland an der Flotte der Engländer vorbei, die vom Hafen Galway aus die irische See überwachen, um Warenzoll einzutreiben. Immer wieder schlüpft sie durch das englische Netz, weil sie die Küstengewässer weit besser kennt als die englischen Besatzer. Mehr noch: Sie stellt die Schiffe, die Galway anlaufen, um sie zu plündern oder sich für ihren Geleitschutz bezahlen zu lassen. Sie befiehlt über 200 Seeleute auf drei Seglern, die zudem als Galeeren gebaut sind. Die Ruder machen sie wendig und schnell, und mit ihnen greift sie auf den Kaperfahrten besonders die Engländer an. Spanische Schiffe hingegen bleiben zwar nicht ungeschoren, aber sie behandelt die Feinde ihrer Feinde mit ausgesuchter Milde. Sie hasst die Engländer, deren Eroberung und Unterdrückung Irlands grausam und blutig ist. Für England wird sie damit zur dreckigen Piratin, die je eher je besser am Galgen hängt. In Irland aber wächst Gráinne Ní Mháilles Ruhm als Kämpferin für die Freiheit der Iren, und die Aussicht auf gute Beute lockt schottische und irische Söldner an, mit denen sie Burg für Burg in den von Klippen und Sandbänken geschützten irischen Buchten erobert. Sie stellen ihre Zufluchten dar, die von See aus für die Engländer unerreichbar sind, denn genaue Seekarten sind noch selten, und die Erfahrung der Kapitäne ist alles, um Schiffe sicher an die Küste zu lotsen.

Die Rache Englands aber lässt nicht auf sich warten.

1566: Gráinne Ní Mháille heiratet Richard an Iarainn, Richard aus Eisen, vom Clan der Burke. Sie aber bleibt die Clanführerin und er hat ihr zu gehorchen. Richard „in" Eisen nennen ihn die Engländer dafür zum Hohn. 1583 wird er sterben, ohne groß Spuren im Leben der Piratin hinterlassen zu haben. In Irland gilt das Recht, eine Ehe zunächst als Versuch auf ein Jahr zu führen, und so kommt sie 1567 auf See mit seinem Sohn nieder, Tibóid an Long, Tibóid von den Schiffen. Am Tag nach seiner Geburt aber wird Gráinne Ní Mháilles Schiff von Türken geentert, die auf der Suche nach Sklaven und Beute auch den Atlantik durchpflügen: Auf den Schiffsplanken wütet der Kampf. Ihr Steuermann stürzt an ihr Wochenbett, um sie an Deck zu holen, denn

Clew Bay, die Heimat von Gráinne Ní Mháille

ohne sie fehlt den Männern der Kampfgeist. Zornig auf die Feiglinge, quält sie sich auf und feuert fluchend auf die verwirrten Korsaren. Mit neuem Mut strecken die Iren die Angreifer nieder, danach kapern sie das Korsarenschiff.

Die Engländer setzen ihr da schon weit mehr zu, nicht nur durch das Kopfgeld, das sie aussetzen, denn sie sind schlau genug, auch an Land gegen sie vorzugehen statt bloß auf See. Sie dulden die irischen Clanführer, solange sie gehorchen, doch werden sie unbotmäßig, werden sie bestraft. So auch Gráinne Ní Mháille. Um den Freiheitsgeist der Iren zu brechen und einen Flächenbrand aus Aufständen gegen England schon im Keim zu ersticken, werden die Mháilles gnadenlos zurückgedrängt, und bei einem der Gefechte wird Gráinne gefangen genommen.

1578 wartet sie erst in Limerick, dann im Kerker von Dublin auf ihre Hinrichtung, aber sie kommt frei. Wie, ist unbekannt. Gesagt wird, ihre Schönheit habe den Kerkermeister verleitet. Jahre später haben ihre Söhne Tibóid und Maor und deren Halbbruder Dónall na Piopa, „Dónall mit dem Dudelsack", weniger Glück. Sie werden eingekerkert und bleiben in Haft, bis Gráinne Ní Mháille in die Höhle der Löwin segelt und Königin Elisabeth gegenübertritt. Wer wagt, gewinnt. Die Gefangenen die Freiheit und sie die Freiheit der Beutezüge mit Erlaubnis der Königin.

Die Engländer jedoch, die in Irland die Insel auspressen, sind empört. Und Gráinne Ní Mháille bekommt das zu spüren: Als sie bei ihrer Rückkehr Dublin anläuft, verlangt es der Anstand, den Burgherren zu besuchen, doch entgegen dem Gastrecht bleibt ihr das Tor der englischen Zwingburg verschlossen. Ihre Lordschaft sei nicht zu sprechen, er sei zu Tisch, wird ihr fadenscheinig ausgerichtet. Eine überaus unhöfliche Abfuhr, doch sie erwidert die schallende Ohrfeige und segelt mit dem geliebten Enkel des Statthalters davon, der ihr nachjagt. Er bietet der Entführerin ein hohes Lösegeld, das sie ablehnt. Dennoch gibt sie dem Großvater den Enkel zurück, aber unter einer Bedingung: Das Tor der Burg muss fortan für alle, die Gastfreundschaft suchen, offen und am Tisch immer für einen unerwarteten Gast mitgedeckt sein. Der Lord willigt ein und gibt ihr einen Ring, um den Pakt zu besiegeln. Der Ring ist erhalten, das Festungstor steht seitdem offen und ein Gedeck mehr als nötig ist immer aufgetragen. Das gehaltene Versprechen ist eine abgerungene Geste, mehr aber nicht, denn der irische Kampf gegen England geht auch nach ihrer Rückkehr unvermindert weiter. London ist weit. Die Zusage ihrer Königin kümmert die Engländer in Irland wenig. Die Freilassung der gefangenen Söhne wird verzögert, um das Faustpfand gegen Gráinne in der Hand zu behalten. Sie werden erst entlassen, nachdem der Clan der Mháille zustimmt, eine englische Besatzung auf seinen Ländern zu dulden, deren Sold der Clan selbst zu bezahlen hat. Gouverneur und Soldaten kosten ein Vermögen und sie plündern das Land, doch als sie das Vieh der Bauern von den Feldern treiben, drohen Hungeraufstände. Um sie zu ersticken, werden blindwütig siebzig Iren ausgewählt und gehängt.

Das ist der Tropfen, der das Fass zum Überlaufen bringt. Die Westküste erhebt sich und greift zu den Waffen. Der Stellvertreter des Gouverneurs wird erschlagen, er selbst flieht nach London, um Unterstützung einzufordern, stattdessen aber wird er für seine Verbrechen ins Gefängnis geworfen. Eine Genugtuung für die Clanführerin, aber nicht genug, und so nimmt sie ihren Krieg gegen die wortbrüchigen Engländer wieder auf und setzt ihn unbeugsam fort bis an ihr Ende. 1603: ihr Todesjahr. Die Legende aber von der schönen Piratin mit den grünen Augen und dem wallenden roten Haar, die mit Schwert und Pistole für die Freiheit Irlands stritt, lebt weiter.

Calamity Jane, kolorierte Studioaufnahme um 1900

Zeitsprung. Der Wilde Westen Amerikas. Auch sie ist eine Legende, auch an ihrem Gürtel steckt eine Pistole. Ein sechsschüssiger Colt. Sie weiß mit ihm umzugehen: Martha Jane Cannary, genannt „Calamity Jane“, „Katastrophen-Jane“, und in Schwierigkeiten bringt sie sich tatsächlich lebenslang.

1852 wird sie als ältestes von fünf Kindern in Princeton geboren. Ihr Vater ist Anhänger der „Heiligen der letzten Tage", und wie viele der Mormonen wird er in Missouri verfolgt. Er zieht daher mit dem Planwagen nach Westen. Fast ein halbes Jahr sind sie unterwegs, Tausende beschwerliche Meilen, bis sie Salt Lake City in Utah erreichen. Ihre Mutter stirbt auf dem Treck. Westwärts zu ziehen ist gefährlich, und so lernt Martha Jane schon als Kind zu schießen. Staaten mit klingenden Namen säumen die Wege nach Westen: Kansas, Nebraska, Oklahoma, Colorado, Wyoming, Dakota, Iowa, Nevada, in denen Martha Jane Cannary ruhelos umherstreift, nachdem sie mit fünfzehn vollends Waise geworden war. „Mir gefällt es nirgendwo sehr lange. Bin immer auf dem Sprung." Sie muss allein für sich sorgen und allein ist sie auf ihren Streifzügen unterwegs. Wo immer aber sie mit ihrem Pferd Satan, Gewehr und Sporenstiefeln auftaucht, sorgt sie für Aufsehen, denn in den prüden Landstrichen Amerikas ist Frauen bei Strafe verboten, Hosen zu tragen. Das aber stört sie nicht. „Ich trage Hosen, so kann ich mich bewegen, während diese berockten Weibchen gleich um Hilfe schreien." Wer immer ihr damit krummkommt, den verprügelt sie, oder sie zieht ihren Colt, und das schneller als die meisten. Rasch bekommt sie den Ruf eines echten „Flintenweibs".

„Wenn es etwas gibt, was die Welt hasst, so ist es eine Frau, die sich selbst um ihre Angelegenheiten kümmert." Um sich durchzubringen, heuert sie als Schienenlegerin an. Knochenharte Schwerstarbeit, um die Eisenbahn nach Westen voranzutreiben, an deren Strecke entlang Bretterstädte emporschießen, in denen das Faustrecht, nicht das Gesetz herrscht. In den Saloons vertrinken die Männer ihren Lohn, und mittendrin Martha Jane, die raucht und säuft, Tabak kaut und flucht wie nur einer. Rauchen und trinken – das machen sonst nur die halbseidenen Bardamen. Die Schienenarbeiter aber halten bei ihr lieber den Mund und die guten Bürger ebenso. Von den Bürgerfrauen hingegen wird sie dafür geschnitten. „Die meisten sind nicht besser als ich, aber sie gehen lieber auf die andere Straßenseite, als mit mir zu sprechen." Das wird so bleiben, egal ob sie als Postkutschenfahrer, Postreiter oder in den Indianerkriegen als Kundschafter für die Armee arbeitet.

Als Kundschafterin wird sie berühmt. Kundschafter gelten als überaus mutig, denn sie dringen

General George Armstrong Custer, Fotografieserie „In der Schlacht bei Little Bighorn", 1876

tollkühn allein zu den Stämmen vor und spähen ihre Lager aus, um den Befehlshabern der Armeeabteilungen sichere Angriffe zu ermöglichen, die meist gemeine Überfälle sind. Nur wenige entkommen den blutigen Gemetzeln. Doch auch die Rache ist furchtbar. Nach einem Angriff General George Armstrong Custers schreibt Calamity Jane in einem Brief: „Nach Custers Schlacht ging ich aufs Schlachtfeld – nie wieder will ich so ein Bild sehen! In einem zerstörten Haus war das Skelett eines Mannes, der wohl versucht hatte, sich dort vor den Indianern zu verstecken, die auf Rache aus waren. Die Squaws hatten die Arme und Beine von den toten Soldaten abgeschnitten, die Köpfe abgehauen, die Augen ausgerissen. Du musst wissen, dass Custer ein Indianerdorf überfallen, Squaws und Kinder aus ihrem Lager vertrieben hatte, sodass man den Indianern nicht die Schuld dafür geben kann, wenn sie auf ihre eigene Art abgerechnet haben."

Angst vor den Stämmen hat Calamity Jane dennoch nicht. Eher umgekehrt: „Ich glaube, dass ich das einzige menschliche Wesen bin, vor dem sie Angst haben." Sie halten sie schlechtweg für verrückt, und Verrückte haben den Schutz der Geister. Unter allen Kundschaftern der Armee ist sie die einzige Frau, und auf einem Feldzug bei Goose Creek in Wyoming wird sie von ihrem Kommandeur „Calamity" Jane getauft, weil sie den Angeschossenen bei einem Hinterhalt aus erheblichen Kalamitäten rettet. „Ich lud ihn vor mir auf mein Pferd und brachte ihn sicher ins Fort zurück." Sie ist eine Draufgängerin, doch ob sie tatsächlich für General Custer als Scout ritt, der in der Schlacht am Little Bighorn von den Sioux niedergemacht wurde, und danach unter General Crook diente, der die Apachen bekämpfte, ist unsicher, denn Calamity Jane selbst hat über ihr Leben mit Halbwahrheiten und faustdicken Münchhausengeschichten den Schleier der Legende gezogen. Als sie für ein Buch über ihre Erlebnisse ausgefragt wird, tischt sie gewaltige Räuberpistolen auf. „So ist das alles eine teuflische Lebensgeschichte geworden." Einigermaßen aufrichtig dagegen ist sie in Briefen, die sie für ihre Tochter Janey schreibt. Sie sammelt sie mitsamt ihren Kochrezepten fünfundzwanzig Jahre in einer Schachtel, die nach ihrem Tod an Janey gegeben werden soll. „Mein Liebes – dies ist nicht als Tagebuch gedacht, und es kann sogar passieren, dass du es nie bekommst, aber ich freue mich bei dem Gedanken, dass du es

Cowboys in einer Bar, Fotografie um 1910

In einem Städtchen des fernen Westens, nach Zeichnung von Rudolf Cronau, Holzstich, 1885

vielleicht eines Tages liest." Das Leben, das Calamity Jane führt, ist nichts für ein Kind. Sie vertraut ihre einjährige Tochter daher Reisenden aus dem friedlichen Osten Amerikas an, die sie mitnehmen. Bei den O'Neils wächst Janey Hickok auf. „Janey, es hat mich fast umgebracht, dich wegzugeben." Das Kind hat sie von James Butler „Wild Bill" Hickok, einer der gefürchteten „bad men" des Westens. Siebzehn Männer gehen auf das Konto des Revolverhelden – mindestens. Seine Devise lautet: „Erst schießen, dann Fragen stellen! Das ist die beste Art, am Leben zu bleiben." Scharfschütze und Scout bei der Armee, Indianerschlächter und Büffeljäger, Berufsspieler und Postkutschenfahrer, Sheriff und Marshall, jagt er Pferdediebe, reitet für eine Wild-West-Show und führt Planwagentrecks, vor allem aber ist er ein Killer, der keiner Schießerei ausweicht. „Ich glaube, dass keiner von ihm sagen kann, dass er jemals jemanden verfehlt hat, auf den er gezielt hat – ich meine, den er umlegen wollte." Auch Calamity Jane schießt rasch, aber nur wenn sie muss: Als Wild Bill und sie eine Postkutsche begleiten, werden sie überfallen. „Dein Vater und ich haben den ganzen Haufen geschafft. Sie waren 8 und mussten natürlich erschossen werden, weil sie nicht aufgeben wollten. Dein Vater zählte 3, denen der rechte Arm durchschossen war. Er sagte: ‚Das war deine Arbeit, Jane. Du zielst nie, um zu töten.' Die anderen 5 hat er erschossen. Er hatte nie was gegen 's Töten, aber ich. Ich habe noch nie jemanden getötet."

Calamity Jane ist etwa achtzehn, als sie Wild Bill Hickok vermutlich 1870 in der Viehtreiberstadt Abilene trifft, die für ihre Gewalt berüchtigt ist. Er ist dort Marshall. Drei Jahre später wird ihre Tochter Janey geboren, und Calamity Jane nennt sich fortan Jane Hickok, denn sie behauptet, mit ihm verheiratet zu sein. Doch sie trennen sich, und noch einmal drei Jahre später wird Wild Bill Hickok bei einem Pokerspiel hinterrücks erschossen. Ein Auftragsmord. Sie hat ihn verehrt und angebetet, und als sie von dem Mord hört, ist sie am Boden. „Dieses Land hat mich zerstört." Sie wird seinen Tod genauso wenig verwinden wie den Verlust ihrer Tochter, für die sie sich ein geordnetes Leben in einer glücklichen Familie wünscht. Dafür hat sie Janey aufgegeben, doch sie versucht zumindest aus der Ferne für sie zu sorgen. Um Geld für ihre Schule beizusteuern, schickt sie Pokergewinne an ihre Pflegeeltern, und für die Briefe an sie lernt Calamity Jane Schreiben und Lesen.

„Es gefällt mir, durch die Bücher hindurchzuschlemmen wie ein Schwein durch seinen Trog. Du musst deine Mutter entschuldigen, Janey, sie weiß, dass sie seltsam ist und einen Schlag weghat."

Der eigentliche Schlag, den sie weghat, ist der Verlust von Janey und Wild Bill, und so beginnt Calamity Jane von 1876 an, ernsthaft zu trinken. „Ich muss etwas tun, um dich und deinen Vater zu vergessen.“ Sie weint viel, und manchmal will sie nur noch sterben. Sie fürchtet den Tod nicht, und das beweist sie 1878 in Deadwood. Die Pocken sind ausgebrochen, gegen die noch kein Kraut gewachsen ist. Wer sich ansteckt, überlebt nur mit Glück. Die Kranken werden daher einfach weggesperrt, sie aber scheut sich nicht, sie über Wochen zu pflegen. Wer ihre Hilfe braucht, der bekommt sie, und über Jahre wird sie immer wieder Kinder zu sich nehmen, die sie als die eigenen ausgibt. „Wahrscheinlich ende ich im Alter im Armenhaus.“ Hat sie ein paar Dollar zu viel in der Tasche, ist sie freigebig. „Ich finde immer einen verdammt armen Teufel, der schlechter dran ist als ich, und versorge ihn dann mit Geld für ein kleines Stück Land oder ich kauf einer gottverlassenen kinderreichen Familie Kleider und Essen. Ich kann keinen Bissen runterkriegen, wenn ich so ein armes Balg hungrig sehe.“

Montana, Nebraska, Oregon, Texas – von 1880 an lässt Calamity Jane sich auf unsteten Ritten durch den Westen treiben: Kauf einer Farm bei Yellowstone, die sie rasch wieder aufgibt; ein Saloon, den sie aufmacht und bald wieder schließt; ein zweiter Saloon, bei dem sie nicht lange bleibt; die Heirat um 1885 mit einem gewissen Charley Burke. „Er hat mich in einem schwachen Augenblick erwischt, und dann waren wir schon verheiratet. Er ist ein guter Mann, ehrlich und redlich, aber ich liebe ihn nicht mit ganzer Seele. Mein Herz gehört noch immer deinem Vater Bill Hickok.“ Die Ehe hält nicht, und wie oft Calamity Jane wirklich verheiratet war, verbirgt

Plakat für die Wildwestschau von Buffalo Bill. 1883 organisierte der berüchtigte Abenteurer das erste Spektakel dieser Art.

sie. Halbwegs sicher ist: Sie lernt William „Buffalo Bill" Cody kennen, der mit seiner Wild-West-Show durchs Land tingelt, und 1893 reitet sie selbst in einer Show, in der sie als Reiterin der Prärie auftritt. „Ich reite im Stehen ein Pferd ohne Sattel, schieße 2 x auf meinen alten Stetson, den ich vorher in die Luft geworfen habe und der mir dann wieder auf meinen Kopf zurückfällt." Kunststückchen. Sie wird als berühmte Kundschafterin des Wilden Westens angekündigt, als Schrecken der Übeltäter, als Gefährtin von Buffalo Bill und Wild Bill Hickok. Sie lenkt einen sechsspännigen Wagen, lässt die Pistolen wirbeln und schießt mit Platzpatronen um sich. In den prächtigen Shows wird der Wilde Westen nachgestellt, dessen große Tage jedoch längst vorbei sind. Der Westen ist erobert, das Gesetz hat Einzug gehalten, die Indianerkriege sind vorbei, den Schaulustigen aber werden Geschichten vorgegaukelt, die Schlächter wie General Custer oder Wild Bill Hickok als aufrechte Westmänner verklären, die das Recht in die eigenen ehrenvollen Hände nahmen oder gegen die grausamen Wilden kämpften, die in den Shows als Zirkusnummern auftreten. Selbst ein Siouxhäuptling wie Sitting Bull verkauft in den Pausen Fotos von sich, und einst stolze Krieger zeigen sich federngeschmückt mit Kriegsbemalung als wilde Tiere in Käfige gesperrt, um nicht wie die Stämme in den Reservaten zu verhungern. Es ist die Geburtsstunde vom Mythos Wilder Westen, und auch Calamity Jane strickt fleißig an der eigenen Legende, von der sie dennoch mehr schlecht als recht lebt. „Den einen Tag hab ich Huhn im Topf, den nächsten die Federn." Zu oft wird sie gefeuert, weil sie betrunken Streit sucht und sich herumprügelt, doch sie jammert nicht. „Manche Menschen denken, die Welt schulde ihnen den Lebensunterhalt, aber sie schuldet niemandem was, hat es nie und wird es nie." Im zahmen Westen aber findet Calamity Jane sich nicht mehr zurecht. Sie kommt herunter, wird krank und verfällt. „Die Jahre haben mich zu schnell geplündert." „Ich bin nicht alt, Janey, aber ich fühle mich wie am Ende des Wegs." „Ich kann nicht weitermachen."

Mit einundfünfzig Jahren stirbt sie einsam in einem Hotel in Terry, South Dakota. Ein Unbekannter, den sie als kleinen Jungen während der Pocken gepflegt hatte, kümmert sich um ihr Begräbnis. Ihre Leiche wird nach Deadwood gebracht, ein weißes Kleid wird ihr angezogen und der ausgepolsterte Sarg im Hinterzimmer eines Saloons aufgebahrt. Es ist das einzige bekannte Mal, dass sie ein Kleid trägt. Begraben wird sie ganz nach ihrem Wunsch neben Wild Bill Hickok. Und ein zweiter Wunsch erfüllt sich: Die Briefe, die sie über fünfundzwanzig Jahre an ihre Tochter mit „Jane Hickok" unterschreibt, werden Janey kurz vor dem Ersten Weltkrieg übergeben. Bis dahin weiß sie nicht, wer ihre tatsächliche Mutter ist. In einem Radiointerview von 1941 inmitten des Zweiten Weltkriegs sagt sie: „Mein einziger Wunsch ist es, dass meine Mutter wüsste, wie stolz ich bin, die Tochter von Calamity Jane zu sein." Martha Calamity Jane Cannary stirbt am 1. August 1903, im selben Jahr, in dem die Brüder Wright mit der *Flyer* zum ersten steuerbaren Motorflug abheben.

Sitting Bull, Häuptling der Teton-Dakota, um 1885

Amelia Earhart in den 1930er-Jahren

Lady Lindy

AMELIA EARHART

Amelia Earhart in ihrem Flugzeug

Die Erde umfliegen – das hat noch keine vor ihr gewagt. Genau das aber ist ihr halsbrecherisches Ziel. Die geplante Route führt auf der längstmöglichen Strecke entlang des Äquators. Rund 47 000 Kilometer Flugdistanz. Zwei Motoren hat ihre silbergraue Lockheed Electra: fast 12 Meter lang, fast 17 Meter Spannweite, gedacht für zehn Passagiere und deren Gepäck, Dienstflughöhe 6100 Meter, gewöhnliche Reichweite 1300 Kilometer. Viel zu wenig für die dreißig Etappen des Fluges. Weil jedes Gramm Gewicht zählt, wird daher bis auf den Pilotensitz und den Sitz des Navigators im Rumpf alles ausgebaut, um Platz für Zusatztanks zu schaffen. Danach dröhnen die Motoren während des Fluges so laut, dass sich Pilot und Navigator nur mit Zetteln verständigen können, die sie an einer Schnur hin- und herziehen. Navigator ist Frederick „Fred" J. Noonan, die Pilotin ist Amelia Mary Earhart. Die Amerikanerin hat zehn Weltrekorde geflogen, und die Erdumrundung ist als Höhepunkt und Ende ihrer Flugkarriere gedacht. Am 17. März 1937 brechen sie von Oakland nach Honolulu auf, um von dort aus den Flug um die Erde zu riskieren, doch der Start auf Hawaii misslingt. Sie beschleunigt das Flugzeug, das nach rechts ausbricht. Reifenschaden. Sie steuert hart nach links, das Fahrwerk knickt weg, und die Electra schlittert funkenstiebend auf dem Rumpf. 4500 Liter leicht entzündliches Flugbenzin haben sie getankt, doch sie haben Glück. Beide überleben unversehrt, die Lockheed aber ist ein Wrack. Sie verschiffen sie nach Miami, um sie zu reparieren. Wochen voller Ungeduld, dann der erneute Start unter dem Jubel Hunderter Schaulustiger am 1. Juni 1937, 5.56 Uhr morgens. Amelia Earhart ist neununddreißig Jahre alt, und vor ihr liegt das Ungewisse. Sie schreibt: „Mut ist der Preis, den das Leben verlangt, wenn es Frieden mit dir schließen soll." Und Mut hat sie.

Alles begann mit einem Rundflug. Am 28. Dezember 1920 ist sie bei einer Flugschau auf dem Daugherty Field in Long Beach, und am Tag darauf steigt sie am Flugplatz Rogers Field mit dem Piloten Frank Hawks auf. Zehn Minuten Flug für zehn Dollar. Für die Dreiundzwanzigjährige der Eindruck ihres Lebens: „Sobald wir den Boden verlassen hatten, wusste ich, dass ich fliegen musste." Fliegen aber ist keine Selbstverständlichkeit, denn die Geschichte des Motorflugs ist so jung wie sie selbst. Wenige Monate vor ihrem Geburtstag in Atchison in Kansas am 24. Juli 1897 starb der Deutsche Otto Lilienthal, dessen Segelgleiter bahnbrechend für die Fliegerei wurden. Doch wie die Ballonfahrer in den beiden Jahrhunderten zuvor, war auch er dem Wind hilflos ausgeliefert. Das änderte sich 1903 in Kitty Hawk, als den Brüdern Orville und Wilbur Wright der erste steuerbare Motorflug gelang. Der Flug dauerte 12 Sekunden, die Flugstrecke maß nur 37 Meter, und doch bewies ihr klobiger Flugapparat, dass Maschinen, die schwerer als Luft waren, geflogen und gelenkt werden konnten. Ein wahres Flugfieber brach aus. Menschenmengen liefen zusammen, wo immer die tollkühnen Helden der Lüfte in ihren fliegenden Kisten abhoben. Doch bald schon waren nicht mehr die Pioniere der Luftfahrt die bewunderten Flieger.

Der Franzose Louis Bleriot überflog 1909 den Ärmelkanal, 1910 hob Eugene Ely als Erster

Der deutsche Ingenieur und Flugzeugpionier Otto Lilienthal bei einem seiner Gleitversuche. Lilienthal, der bei einem solchen am 10. August 1896 tödlich abstürzte, vermittelte durch seine Forschung das erste gesicherte Wissen über das Fliegen.

vom Deck eines Schiffes ab, 1911 vollendete Calbraith Perry Rogers den ersten Flug quer über den nordamerikanischen Kontinent von New York nach Long Beach, für den er 84 Tage brauchte, an denen er 82 Stunden in der Luft war, doch ihre Leistungen gerieten in Vergessenheit, als 1914 der Erste Weltkrieg ausbrach. Die kriegsführenden Länder brachten Tausende von Maschinen in die Luft, und wer sie am tödlichsten beherrschte, wurde am meisten bejubelt. Der Ruhm des Deutschen Manfred von Richthofen, der „rote Baron" mit seinem rot gestrichenen Dreidecker, des Franzosen René Fonck, des Amerikaners Eddie Rickenbacker oder des Kanadiers Billy Bishop stieg mit jeder Maschine, die sie abschossen. Der Luftkampf wurde als ehrenvoll, die Fliegerasse als „Ritter der Lüfte" dargestellt, die über das Massensterben in den Schützengräben erhaben seien, um von den Millionen Toten abzulenken. Das Volk wollte Helden, um das Elend zu vergessen. 1918 jedoch war der Krieg vorbei, die Piloten, die überlebt hatten, wurden nicht mehr gebraucht, die Flugzeuge zu Spottpreisen verschleudert, und viele Weltkriegspiloten kauften ihre alten Maschinen, um mit Rund- und Kunstflügen auf Jahrmärkten mühselig ihr Geld zu verdienen. Zu viele Piloten für zu wenig Zahlende. Der Witz machte die Runde, das Gefährlichste am Fliegen sei das Risiko zu verhungern, denn auch der Passagierflug steckte noch in den Kinderschuhen, genauso wie die Postfliegerei, weil Fliegen zu gefährlich war und zu oft tödlich. Von den ersten fünfzig amerikanischen Postpiloten verunglückten einunddreißig tödlich. Wer daher von den unzähligen Hungerleidern vom Fliegen leben wollte, musste bekannt sein, und die Schlagzeilen der sensationshungrigen Presse bekam nur, wer Rekorde aufstellte: die „Firsts". Erster sein – das allein zählte und nichts sonst.

Geflogen wurde auf Sicht mit unsicheren Landkarten, Kompass und bestenfalls Geschwindigkeitsmessern, denn Navigationsinstrumente an Bord waren weitgehend unbekannt. Und doch: Der Australier Ross Smith umrundete 1919 die halbe Erde von London nach Darwin, fünf Jahre später flog Alan Cobham von London nach Südafrika und zurück, und im selben Jahr flogen drei Doppeldecker von Seattle aus die Küsten entlang um die ganze Welt, und nichts schien mehr unmöglich, als Richard E. Byrd und Floyd Bennet den Nordpol erreichten. Die letzte Grenze aber waren die Meere, über deren Weiten die Piloten ohne die üblichen Landmarken völlig auf sich allein gestellt waren. Berechneten sie den Kurs nur um ein paar Grad falsch, geriet Land außer jeder Reichweite. Ging der Treibstoff aus, kamen Stürme auf, versagten die Maschinen, waren sie verloren. Das Wagnis gingen sie dennoch ein. Die bewunderten Draufgänger galten als verrückte Hunde, und ihre Herausforderung hieß: Atlantik, der Ozean, der die Alte mit der Neuen Welt verbindet. Im Todesjahr der ersten Fliegerin überhaupt, der Französin Raymonde de La Roche, die 1919 verunglückte, hoben unter dem Kommando von John H. Towers drei Seeflugzeuge der United States Navy von Trespassy Bay in Neufundland ab, um nach einer Zwischenlandung auf den Azoren Europa anzufliegen. Zwei Besatzungen mussten aufstecken, die dritte aber bestand den Kampf gegen Wind, Wetter und Müdigkeit: Albert Read erreichte am 27. Mai 1919 Lissabon, tankte auf und flog nach England, in das geschichtsträchtige Plymouth, aus dem drei Jahrhunderte zuvor die Gründerväter Amerikas mit der *Mayflower* nach Westen gesegelt waren. Danach blieb nur noch eines zu tun: den Atlantik ohne Zwischenlandung zu meistern, doch über Jahre scheiterten die Versuche, die ihren Blutzoll forderten. Der Polarflieger Richard Byrd gab auf, genauso wie das Weltkriegsass Fonck, der bei einem Startunfall zwei Besatzungsmitglieder verlor, die Franzosen Nungesser und Coli verschwanden über dem Meer, und auch eine der noch seltenen Pilotinnen wurde nie wieder gesehen, die dreiundsechzigjährige englische Prinzessin Anne zu Löwenstein-Wertheim.

Fliegerinnen wurden eher belächelt, Fliegen war Männersache. Die geistigen und körperlichen Belastungen eines Fluges wurden Frauen nicht zugetraut. Doch eine trat an, das zu ändern: Amelia Earhart.

Von früh an handwerksgeschickt, sportbegeistert, rechenbegabt, hat sie erschüttert vom Los der Kriegsverstümmelten als Schwesternhelferin in einem Armeekrankenhaus geschuftet und sich danach an der Universität für Medizin eingeschrieben, für ihren Traum vom Fliegen aber bricht sie nach ihrem ersten Rundflug das Medizinstudium ab und geht nach Los Angeles, um Flugunterricht zu nehmen. Das Geld für die Flugstunden kratzt sie als Telefonistin oder Würstchenverkäuferin auf Volksfesten zusammen, denn die Ausbildung ist teuer. Achtundzwanzig Gelegenheitsjobs nimmt sie über die Jahre an, um sich die Stunden zu leisten. „Für mich bedeutete das Fliegen nichts anderes, als einfach Spaß zu haben. Den Lebensunterhalt musste ich mit anderen Dingen verdienen. Kein Geld – kein Fliegen, keine Arbeit – kein Spaß!" Der Unterricht beginnt am 3. Januar 1921. Ihre Fluglehrerin ist Anita „Neta" Snook Southern, deren Flugzeug im Hangar des Flugfeldes von Long Beach steht, das der Flugzeugkonstrukteur Bert Kinner betreibt. Jeden Morgen fährt Amelia Earhart mit der Straßenbahn von Los Angeles hinaus und muss dann noch eine Stunde laufen, um zum Flugplatz zu kommen, bis sie ihre Fluglehrerin überredet, ein Auto zu mieten und ihr auch das Autofahren beizubringen. Sie spart und leiht sich Geld, um ihr erstes eigenes Flugzeug zu kaufen, eine zweisitzige Kinner Airster, die sie ob ihres knallgelben Anstrichs *Canary*, „Kanarienvogel", tauft. „Das Leben war unvollkommen, solange ich nicht meine eigene Maschine besaß." Ihr Vogel jedoch ist schwer zu fliegen, und sie hat Glück, dass die Unfälle, die sie baut, glimpflich ausgehen. Sie setzt ihren Flieger in ein Gemüsefeld, streift Bäume und zerbricht ihr Fahrwerk, doch Amelia Earhart ist unbeirrt und sie ist nervenstark: Als bei einer Notlandung der Propeller zerfetzt, dreht sich Neta Snook zu ihr nach hinten, um zu sehen, ob sie verletzt ist. Sie aber pudert sich seelenruhig die Nase, um für wartende Reporter hübsch auszusehen. Nach ihrem ersten Alleinflug bekommt sie die amerikanische Pilotenlizenz Ende 1921. Und das Glück bleibt ihr treu, auch bei ihrem ersten Rekord: Am 22. Oktober 1922 startet sie, um mit Lederkappe, Schal und Schutzbrille im offenen Doppeldecker für ihren verwegenen Höhenweltrekord für Frauen auf kalte 14 000 Fuß, 4300 Meter, zu steigen, als der Motor ausfällt. Im Sturzflug lässt sie die Maschine sacken, im freien Fall bringt sie den Motor zum Laufen, und erst 1000 Fuß über Grund kann sie das Flugzeug abfangen.

Im Jahr nach ihrem Rekord erhält sie am 15. Mai 1923 ihre internationale Pilotenlizenz und ist damit weltweit die sechzehnte Frau mit dem Flugschein. Auch sie will vom Fliegen leben, doch ihr Traum muss warten, bis ihr der Zufall zu Hilfe kommt. Sie schreibt sich noch mal für das Medizinstudium ein und wieder bricht sie ab. „Es fehlte mir an Geduld. Ich wollte etwas tun, nicht mich auf etwas vorbereiten." Sie bewirbt sich in Boston am Denison House, einer Anlaufstelle für hilfsbedürftige Einwanderer, und erweist sich als so umsichtig und einsatzwillig, dass sie rasch in die Leitung des Hauses aufsteigt, und ihr Organisationsgeschick spricht sich auch unter den Fliegern herum. Bert Kinner, der nahe Boston ein weiteres Flugfeld aufbaut, überredet daher Amelia Earhart, neben ihrer Arbeit den Flugplatz zu leiten und sich dazu um den Verkauf eines von ihm konstruierten neuen Flugzeugs zu kümmern. Sie sagt zu, vor allem weil er ihr die Maschine zur Verfügung stellt, die sie an den Wochenenden für Rundflüge nutzen darf, um ein paar Dollar mehr zu verdienen. 1927 ist das Flugfeld fertig, und 1927 ist das Jahr, in dem vom 20. auf den 21. Mai Charles A. Lindbergh in dreiunddreißigeinhalb Stunden mit der *Spirit of St. Louis* von New York nach Paris fliegt und damit als Erster im Alleinflug den Atlantik überquert. Die letzte Grenze ist gefallen.

„Lucky Lindys" fliegerische Meisterleistung ist eine Weltsensation, und sie bringt die Millionärsgattin Amy Phipps Guest auf die Idee, wenigstens als Passagier als erste Frau über das Meer nach Europa zu fliegen. Sie kauft dafür eine dreimotorige Fokker, muss ihren Plan aber nach heftigem Familienstreit aufgeben. Ihr Platz wird frei, und ein New Yorker Verleger, George Palmer Putnam, macht sich auf die Suche nach einer geeigneten Kandidatin. Nicht ohne Eigennutz, denn in seinem Verlag, der vorwiegend Bücher über Abenteuer- und Forschungsreisen herausgibt, ist bereits Lindberghs Autobiografie „We" erschienen. Ein Bestseller, an den er anknüpfen will. Doch eine Frau zu finden, die das lebensgefährliche Unterfangen wagt, ist nicht eben leicht. Auch Amelia Earhart zögert, ehe sie Putnams Angebot annimmt, zusammen mit dem Piloten Wilmer Stultz und dem Mechaniker Louis Gordon an Bord zu gehen, um danach in seinem Verlag über den Flug zu berichten. Geheimhaltung wird vereinbart, um den großen Coup nicht zu gefährden. Ihr erstes großes Fliegerabenteuer hat begonnen, die Vorzeichen jedoch sind schlecht.

Am 3. Juni 1928 titelt die *New York Times*: „Boston Girl Starts Atlantic Hop". Das Flugzeug, die *Friendship*, dümpelt vertäut in der Bucht von Boston. Sie muss vom Wasser aus gestartet werden, denn die Fahrgestellräder wurden durch Pontons ersetzt, um im Notfall beim Überflug eine Wasserung zumindest versuchen zu können. Der Start aber verzögert sich. Das Wetter ist zu schlecht. Warten, warten, warten. Dann endlich wirft Louis Gordon die Propeller an, Stultz bringt die Motoren auf Drehzahl, und zwischen Reservetanks im Rumpf eingeklemmt, kauern Amelia Earhart, die vor dem Abflug ihr Testament hinterlegt hat, und Louis Gower, der vorsichtshalber als Ersatzpilot dabei ist. Zweimal jagt die *Friendship* über das Wasser, aber sie ist zu schwer und Stultz kann sie nicht hochziehen. Sie lassen Treibstoff ab und der Ersatzpilot muss von Bord. Diesmal gelingt der Start, doch durch das Aufschlagen auf die Wellen wird die Maschine so durchgerüttelt, dass ein Riegel der Kabinentür bricht, die aufzugehen droht. Beherzt packt Amelia Earhart zu und hält die Tür fest, bis Gordon sie mit einem Seil sichert. Die eigentliche Atlantiküberquerung soll auf der günstigeren Nordroute von Neufundland aus beginnen, doch das Wetter verzögert immer wieder den Weiterflug. Wie Lindbergh entscheiden sie, von Trespassy Bay aus zu fliegen, und noch während sie dort auf besseres Flugwetter warten, geht Putnams Plan auf. Die Presse fällt in das gottverlassene Nest ein. Amerikas Zeitungen haben eine neue Heldin. Zwei Wochen vergehen, die nervenzehrend sind, denn Amelia Earhart ist nicht die Einzige, die über den Atlantik will. In Harbor Grace wartet Mabel Boll auf ihre Flugchance, und so steigt die Anspannung von Tag zu Tag, vor allem weil Stultz bei Weitem zu viel trinkt. Ihrer aller Leben liegt schließlich in der Hand des Piloten. Am 17. Juni 1928 aber platzt Amelia Earhart der Kragen. Sie wirft ihre Kameraden aus den Betten, denn die Wettervorhersage für den Atlantik ist zwar nicht gut, aber immerhin durchwachsen. Sie nüchtern den

Amelia Earhart mit ihrem frisch angetrauten Ehemann George Palmer Putnam in seinem New Yorker Büro am 11. Februar 1931

Piloten aus, und Amelia Earhart telegrafiert das vereinbarte Codewort für die Atlantiküberquerung an George Putnam: „Violet".

Drei Starts misslingen. Die *Friendship* klebt auf dem Wasser. Beim vierten Versuch braucht die Fokker drei Kilometer, hebt kurz ab, setzt noch einmal auf und steigt endlich. Startzeit: 11.40 Uhr. Weil über dem wolkenverhangenen Meer die Funkverbindung nach Kanada abreißt, versucht Gordon Kontakt zu Schiffen aufzunehmen, um mit deren Positionsmeldungen seinen Kurs zu korrigieren. Die *Rexmore* antwortet, dann gibt das Funkgerät den Geist auf. Als sie mitten im Nichts im Tiefflug über der *America* sind, bekritzelt Amelia Earhart einen Zettel, den sie an eine Orange bindet, die sie zum Schiffsdeck wirft, das sie verfehlt. Der Schiffskapitän schaltet schnell. Er lässt die Position auf das Deck malen, doch zu spät. Die *Friendship* ist weg, denn ihr Treibstoff wird knapp. Sie entdecken Fischerboote und folgen deren Ostkurs, dann kommt Land in Sicht. Amelia notiert ins Bordbuch: „Zwanzig Stunden und vierzig Minuten seit Trespassy, Friendship sicher im Hafen gelandet." Southampton, ihr eigentliches Ziel, haben sie verfehlt. Sie sind in Burry Port in Wales gelandet. Anfangs kümmert das niemanden. Ein Flugzeug ist längst nichts mehr Besonderes. Doch bald drängen mehr und immer mehr Menschen in den Hafen, denn die Nachricht spricht sich herum: Die erste Frau hat nonstop den Atlantik überflogen, und um sie vor dem Volksauflauf zu schützen, begleiten Dorfpolizisten die Flieger zum Hotel und drängen die Menge zurück. Das alles aber ist nur ein Vorgeschmack für Amelia Earhart.

Schon in England wird sie von Schaulustigen und Reportern belagert. Ihre Fahrt nach London im offenen Auto wird zum Triumphzug, sie wird von Empfang zu Empfang weitergereicht, und so auch bei ihrer Rückkehr nach New York. Als sie auf einem Ozeanliner in den Hafen einläuft, hupen die Schlepper, und sie wird mit einer Polizeibarkasse vom Schiff zur Yacht des Bürgermeisters gebracht, dann erwartet sie die seltene Ehre einer Konfettiparade durch Manhattan, und danach schickt Putnam sie auf eine vorbereitete Werbereise durch Amerika, um ihren Ruhm noch weiter zu steigern. Seine Kampagne geht auf, denn er vermarktet sie gekonnt, und auch ihr Bericht über den Flug, „20 Hours, 40 Minutes" wird zum erwarteten Bestseller. Fortan steht sie für den Rest ihres Lebens in der Öffentlichkeit. Sie wird zur Werbe-Ikone werden, eine eigene Modelinie entwerfen, Hollywood-Berühmtheiten umdrängen sie, der Präsident der USA zeigt sich gern mit ihr und die Berichte über ihre Rekordjagden werden den Zeitungsverkäufern aus der Hand gerissen. Für Stultz und Gordon aber interessiert sich keiner. Obwohl Amelia Earhart immer betont, dass sie nur ein „Gepäckstück" war und Stultz und Gordon die Fliegerleistung vollbrachten, gehören die Titelseiten ganz ihr. Sie wird zur auflagensteigernden Sensation gemacht und bekommt dafür einen Spitznamen, den sie hasst: „Lady Lindy". Sie ist nicht Lindbergh, sie ist selbst wer, und dass sie beim Überflug nur ein „Kartoffelsack" war, ist der Stachel in ihrem Fleisch.

„Von Zeit zu Zeit sollen Frauen all das tun, was Männer bereits getan haben, und gelegentlich etwas, was Männer noch nicht getan haben, dadurch können sie sich als Persönlichkeiten erweisen und andere Frauen zu größerer Unabhängigkeit im Handeln und Denken ermutigen."

Amelia Earhart 1932, Fotografie von E. F. Foley

Amelia Earhart nutzt ihren Ruhm: Sie wird nicht müde, sowohl Gleichberechtigung einzufordern, die so gar nicht selbstverständlich ist, als auch für den Frieden einzutreten. Seit ihrer Zeit im Armeekrankenhaus ist sie bekennende Pazifistin, und sie hat einen klugen Vorschlag: Krieg bedeutet, dass alte Männer ihn beginnen und junge Männer sterben. Würden die Alten zuerst auf die Schlachtfelder geschickt, wären sie nicht so rasch mit dem Gewehr bei der Hand, um nicht den eigenen Kopf hinhalten zu müssen. Ihr eigentliches Gebiet aber bleibt freilich die Fliegerei, auf dem sie zeigt, was Frauen können, und sie wird damit zum Vorbild für die Mädchen und Frauen der westlichen Welt, weil „das schwache Geschlecht" für Amelia Earhart nur eine billige Ausrede für Hausmütterchen ist. Frauen müssen Dinge genauso versuchen, wie Männer es getan haben, sagt sie. Wenn sie versagen, darf ihr Versagen nichts anderes sein als eine Herausforderung für andere. Gleichberechtigung heißt für sie, sich ohne Wenn und Aber jedweder Aufgabe auf jedwedem Gebiet zu stellen. Ihres ist das Fliegen. Sie stellt einen Geschwindigkeitsrekord für Frauen auf, erreicht einen neuen Höhenrekord, bricht abermals den Geschwindigkeitsrekord und bleibt selbst bei Niederlagen unbeeindruckt. Sie überschlägt sich bei einer Landung, bei einer weiteren streift sie einen Lichtmast und demoliert parkende Autos, und sie besteht ein besonderes Abenteuer: Sie nimmt Putnams Heiratsantrag an. Immerhin der sechste, den er ihr macht. Doch da ist noch immer der schmerzende Stachel.

Seit Lindbergh den Atlantik überquerte, hatte niemand mehr den Flug geschafft. Zwei Soloflieger waren verschollen, mehrere Besatzungen umgekommen. Und doch hatte Lindbergh gezeigt, dass ein Nonstop-Flug möglich ist. Entscheidend dabei: Planung und Vorbereitung. Amelia Earhart stellt daher ein Team zusammen. Der erfahrene norwegische Arktisflieger Bernt Balchen unterrichtet sie im Langstreckenflug in schlechtem Wetter, sein Mechaniker Gorski baut eine Lockheed Vega für mehr Reichweite um, der Pilot Edwin Aldrin, der Vater von Edwin Eugene „Buzz" Aldrin, dem zweiten Menschen auf dem Mond, berechnet den Verbrauch der knallrot gestrichenen Maschine, und Putnam nimmt abermals geschickt die Propaganda ihres Fluges in die Hand, dessen Start von Neufundland aus nicht umsonst auf den 20. Mai 1932 gelegt wird, den fünften Jahrestag des Lindbergh-Flugs. Natürlich riecht die Presse Lunte, und gewohnt lässig tritt Amelia Earhart ihr gegenüber auf. Die Gelassenheit aber ist gespielt, denn sie ahnt, dass der Flug Haken und Ösen haben wird.

Startzeit: 19.12 Uhr. Ein tückischer Flug in die stockfinstere Nacht. Als Erstes versagt der Höhenmesser. Um nicht dem Wasser gefährlich nahe zu kommen, steigt sie hoch hinauf. In der Höhenkälte aber friert der Geschwindigkeitsmesser ein und fällt für den Rest des Fluges aus, den sie dringend für die Berechnung der zurückgelegten Strecke braucht. Weil sich auf den Tragflächen Eis bildet, geht sie in den Sinkflug, bei dem die schwer betankte Maschine ins Trudeln kommt. Sie fängt sie ab mit Mühe und Not, als sie im Dunkeln bereits schaumgekrönte Wellen sieht. Sie muss wieder hinauf, diesmal jedoch friert ihr das Cockpitfenster zu. Ohne Sicht, ohne Geschwindigkeitsmesser fliegt sie blind. Doch sie hält einigermaßen den Kurs, dann aber bekommt einer der Tanks ein Leck, und so weiß sie nicht mehr, ob der Treibstoff überhaupt reicht. Den Plan, wie Lindbergh in Paris zu landen, gibt sie auf, Hauptsache, sie erreicht überhaupt noch Land. Der Tagesanbruch rettet sie. Sie ist viel weiter nördlich als gedacht, und beinahe wäre sie selbst an der Nordspitze Irlands vorbeigeflogen, doch sie sieht das Land eben noch rechtzeitig, denn die Tanks sind beinahe leer, und so entscheidet sie, auf einer holprigen Wiese zu landen, zum Schrecken der Kühe, wie sie sagt. Geschafft. In knapp 15 Stunden hat sie als erste Frau den Atlantik allein überflogen.

Der Pressejubel kennt nun keine Grenzen mehr. Amerika hat seine Nationalheldin, deren Rückkehr noch überbordender gefeiert wird als bei ihrem ersten Atlantikflug. Wieder Empfänge im ganzen Land, und Hunderte von Glückwunschtelegrammen werden ihr aus aller Welt gesandt. Eines aber erschüttert sie: das Schicksal von Charles Lindbergh. Wenige Tage zuvor ist die Leiche seines entführten Sohnes gefunden worden. Der Preis des Ruhms, den auf seine Weise auch George Putnam zahlt. Sie ist berühmt, er steht in ihrem Schatten. Um zumindest ein wenig herauszutreten, drängt er sich mit ihr vor die Kameras. Die Reporter nennen ihn dafür spöttisch „die Linsenlaus". Um Amelia Earhart entbrennt ein wahrer Starkult, dem sie sich hingibt, um ihre weiteren Pläne zu finanzieren: den Alleinflug über den Pazifik, den sie 1935 meistert, und das letzte „First" der Fliegerei: die Umrundung der Erde entlang des Äquators.

Von links nach rechts: Eleanor Roosevelt, Amelia Earhart, der schottische Pilot Jim Mollison mit seiner Frau, der Pilotin Amy Johnson, Franklin D. Roosevelt, 1933

Sie weiß: Stunden um Stunden der Lärm der Motoren, der Brechreiz in der Luft voller giftiger Benzindämpfe, geschwängert von Uringestank, die beständige Anspannung, den Kurs nur ja nicht zu verfehlen, der dauernde Blick auf die zu oft versagenden Instrumente, das schwere Flugzeug auch bei stürmischem Schlechtwetter in der Luft zu halten. Der Kampf gegen die Müdigkeit – die auszehrende Anstrengung eines Fluges über Tausende von Kilometern wird sie Etappe für Etappe wochenlang an ihre Grenze treiben. Und doch: „Ich will es tun, weil ich es tun will." Und weil sie es tun muss, um das Geld für ihr Fliegen zu verdienen, das ihr Leben ist. Alle Strecken waren geflogen, die letzten Winkel erreicht. Die Fliegerei steckte am Beginn ihres Lebens noch in den Kinderschuhen. Nun ist sie erwachsen. Die todesmutigen Flughelden haben abgedankt, Post-, Fracht- und Passagierflugzeuge haben den sicheren Linienverkehr aufgenommen. Aus den wackligen kleinen Mehrdeckern sind robuste Großflugzeuge geworden. Und auch die Zeit der Rekorde geht zu Ende. Sie sind so selbstverständlich geworden wie das Fliegen, das längst aus den Schlagzeilen verdrängt ist, denn im Westen rüstet Hitlers Deutschland hemmungslos auf, der Faschismus hat Italien ergriffen, der im Spanischen Bürgerkrieg gleichfalls auf dem Vormarsch ist, und im Osten setzt Japan auf Eroberungen im Pazifik, die Amerika bedrohlich nahe rücken. Ein zweiter weltweiter Krieg dämmert herauf. Fliegen ist nur mehr Randnotiz im Weltgeschehen.

Amelia Earhart lässt sich dennoch nicht abhalten. Doch allein die Flugvorbereitungen verschlingen Unsummen. Aberdutzende von Landegenehmigungen müssen weltweit eingeholt, Ländervisa beantragt, die Zusatzausrüstung für ihre teure Lockheed Electra gekauft, Treibstofflager auf den vorgesehenen Landeplätzen und auf Ausweichlandebahnen angelegt werden, dazu die unwägbaren Gefahren des Fluges selbst, die sie in den Wind schlägt. „Hamlet hätte einen schlechten Flieger abgegeben. Er hat sich zu viele Sorgen gemacht." Die Sorgen und Zweifel aber holen auch sie ein. Geldgeber aufzutreiben ist schwer geworden, und bald steht das Unternehmen vor dem Aus, denn der entscheidende Flugabschnitt zwischen Hawaii und Südostasien ist einfach zu weit. Er bietet keinen Landeplatz zum Auftanken. Aber sie bekommt Hilfe. Präsident Roosevelt setzt inmitten der Weltkriegsgefahr auf beschwichtigende Ablenkung für die Öffentlichkeit. Zwei Schiffe der *Coast Guard* werden daher entsandt, um auf Howland Island, kaum mehr als ein winziges Atoll mitten im Pazifik, einen Landeplatz aus dem Boden zu stampfen. Eine Hilfe wohl nicht ohne Hintergedanken. Amerika braucht Flugplätze im Pazifik. Franklin Delano Roosevelt ahnt, dass der Krieg mit Japan unausweichlich ist. Er wird 1941 mit dem vernichtenden Luftangriff der Japaner auf die amerikanische Pazifikflotte in Pearl Harbor beginnen. Für Amelia Earhart aber bleibt dennoch eine letzte Schwierigkeit. Sie braucht einen Navigator und sie findet ihn in Fred Noonan. Er gilt als der beste Navigator Amerikas, und doch ist er wie schon Wilmer Stultz ein gefürchteter Trinker. „Er hatte eine Schwäche dafür, sich volllaufen zu lassen." Trotzdem ist er eine gute Wahl. Schon auf dem wolkenverhangenen Flug von Oakland nach Hawaii erweist sich sein ausgezeichnetes Können. Als die Lockheed Electra nach 16 Stunden Flug die Wolkendecke im Sinkflug durchbricht, liegt der Landeplatz Wheeler Field genau vor ihrer Nase.

1. Juni 1937, 5.56 Uhr morgens. Nach Startunfall auf Hawaii und Reparatur der Lockheed in Miami der endgültige Abflug zur Erdumrundung. Weil sie zu spät im Jahr starten, kehren sie für besseres Wetter die Route um. Die Flugetappe nach Howland Island wird so am Ende des Fluges liegen, dessen Rufzeichen „KHAQQ" ist. Die Lockheed hält sich gut, sie bringt sie von Nordamerika über Puerto Rico nach Brasilien, dann über den Atlantik nach Dakar. Sie queren Afrika über Khartum, überfliegen Arabien nach Karatschi, lassen Indien hinter sich, um über Kalkutta, Rangun, Bangkok, Singapur nach Australien zu kommen. Der Lärm und die Tropenhitze machen ihnen schwer zu schaffen. Fünf Wochen der Übelkeit und der Erschöpfung werden zur Quälerei, doch sie denken nicht daran aufzugeben. Ihre Rückkehr ist auf den 4. Juli festgelegt, den amerikanischen Unabhängigkeitstag, der werbeträchtig ausgewählt ist. Sie liegen gut in der Zeit, landen in Papua und bereiten sich auf die gefährlichste Etappe vor: den Sprung nach Hawaii über Howland Island. Zu ihrer Sicherung liegen die beiden Schiffe der Küstenwache auf der vorgesehenen Flugstrecke. Die *Ontario* auf halbem Weg, die *Itasca* bei Howland

Island. Die Lockheed ist randvoll betankt. 19 Stunden sind für den Flug eingeplant, für gut 21 Stunden reicht das Benzin. Am 2. Juli 1937 heben sie ab.

Der Funkkontakt mit Neuguinea steht. Sie sind auf Kurs. Nach acht Stunden hört die Bodenstation zum letzten Mal Amelia Earharts Stimme. Sie ist auf 12 000 Fuß nach Howland Island unterwegs. Die Nacht bricht herein. Zehn Stunden nach Start empfängt die Funkstation auf Nauru Island einen verstümmelten Spruch: „Schiff in Sicht." Die *Ontario* sendet ständig Funksignale, um den Fliegern die Positionsbestimmung zu erleichtern. Funkkontakt aber nehmen die beiden nicht auf. Die *Ontario* wartet zwei Stunden länger als vorgesehen, dann lichtet sie die Anker. Die Lockheed muss sie längst überflogen haben. Die *Itasca* übernimmt. Im Funkraum warten die Offiziere unter Commander Warner K. Thompson. Mitten in der Nacht empfangen sie undeutlich ein schwaches Signal. „Bewölkt und unbeständig" ist das Einzige, was sie verstehen. Die Lockheed ist noch zu weit weg. Eine Stunde später erneuter Funkkontakt. Die *Itasca* fordert Amelia Earhart auf, ihre Position durchzugeben. Keine Antwort. Danach gelingt die Verbindung besser, aber sie reißt zu schnell ab, um das Flugzeug anzupeilen. In der Morgendämmerung ist die Electra endlich besser zu hören. „Bin noch hundert Meilen entfernt." Eine gute Nachricht, denn sie liegen im Zeitplan. Weitere eineinhalb Stunden später melden sie sich klar und deutlich, doch die Nachricht sorgt für Unruhe. „KHAQQ ruft Itasca. Wir müssen über euch sein, können euch aber nicht sehen. Wir sind nicht in der Lage, euch über Funk zu erreichen. Treibstoff geht zu Ende. Wir fliegen in 1000 Fuß Höhe." Hochspannung! Der Kommandant gibt Befehl, die Maschinen hochzufahren, um schwarzen Rauch aus dem Schlot aufsteigen zu lassen, der bei ruhigem Wind und guter Sicht im tropischen Morgen weithin gesehen werden kann. „Wir kreisen, können euch aber nicht hören." – „Wir empfangen euch, können euch aber nicht anpeilen." Der Funkkontakt ist zu kurz. Um 8.40 Uhr ist Amelias Stimme abermals zu hören. Sie klingt müde, gebrochen, gezeichnet von Anspannung. 20 Stunden 40 Minuten nach dem Start gibt sie durch, auf einer Line entlang zu fliegen, auf der sie Howland Island und die *Itasca* vermuten. „We are running north and south." Dann nichts mehr. Die *Itasca* nimmt Fahrt auf, um das Gebiet um Howland Island zu durchkreuzen. Die Lockheed kann nicht mehr in der Luft sein, aber vielleicht gelang ihr eine Notwasserung. Vergeblich. Als die Unglücksnachricht Amerika erreicht, gibt Präsident Roosevelt die Anweisung, die bis dahin größte Suchaktion der Fliegerei einzuleiten. Neun Schiffe der *Navy* und der *Coast Guard* sind beteiligt, der Flugzeugträger *Lexington* lässt seine Maschinen aufsteigen, sechsundsechzig Flugzeuge machen sich auf die Suche. 4000 Mann, zwei Wochen Einsatz – und nichts. Flugzeug und Besatzung bleiben verschwunden. „We are running north and south" waren Amelia Earharts letzte Worte.

*Noch einmal gehören ihr die Schlagzeilen.
Eine von ihnen lautet: „Lady Lindy Lost!"*

Die 19-jährige
Gertrude Bell

Tochter der Wüste

GERTRUDE BELL

Schweiz, Berner Alpen, 1902. Die Engländerin Gertrude Bell hat das Bergsteigen für sich entdeckt. Im Jahr zuvor hat sie mit zwei Schweizer Bergführern neun Gipfel im Berner Oberland bestiegen, und eines der Engelhörner wird Jahre später ihren Namen tragen: „Gertrudenspitze". Zu jener Zeit sind die Seile noch geflochten, die Socken gestrickt und die Rucksäcke schwer. Die einfache Ausrüstung macht die Aufstiege halsbrecherisch. Als Dame klettert sie im Rock. Gertrude Bell ist vierunddreißig, als sie die Besteigung der steilen Felswand des Finsteraarhorns wagt. Der Gipfel soll ihr „First" werden. Die Ostwand des Viertausenders ist noch unbezwungen. Mit ihren Bergführern gelingt ihr die Durchsteigung, doch 300 Meter unter dem Gipfel geraten sie in Schneetreiben. Sie brechen ab und beginnen den Abstieg. Ein Gewitter zieht auf. Sie kauern sich angeseilt unter einen Felsvorsprung und müssen im Eisregen der Nacht ausharren. Einer der Männer setzt sich auf ihre Füße, damit sie nicht erfrieren. Dreiundfünfzig Stunden bleiben sie am Berg, Gertrude Bell aber lächelt trotz der Qualen. Sie spricht den Männern Mut zu und sie überleben. Der erfahrene Bergsteiger Ulrich Fuhrer ist einer der Bergführer. Er sagt: „Wenn sie nicht so mutig und entschlossen gewesen wäre, wären wir alle umgekommen." Gertrude Bell hat sich die Achtung der Bergsteiger erworben, und obschon eine Frau, wird sie eingeladen, an einer Himalajaexpedition teilzunehmen. Doch die Berge sind für sie nur eine Leidenschaft, denn ihre Liebe gilt nicht den Gipfeln, sondern der Wüste.

Gertrude Margaret Lowthian Bell wird 1868 in Nordengland geboren. Sie ist die Tochter eines schwerreichen Stahlbarons. Er ist belesen, gebildet, weltoffen. Töchter von Stand werden von Hauslehrern erzogen, er dagegen schickt Gertrude nach London ins „Queen's College", eine der wenigen höheren Schulen, die Mädchen zulassen. Er weiß: Klavier, Gesang oder Reiten im Damensattel ist ihr zu wenig. Rote Haare, grüne Augen, wissbegierig, überaus begabt, mutig, abenteuerlustig, sucht sie früh ihre Freiheiten in dem engen Korsett bürgerlicher Zwänge. Als sie sich erlaubt, unschicklich allein für einen Besuch auszugehen, wird ihr das als „Orgie der Unabhängigkeit" vorgeworfen, denn junge Damen dürfen selbst ins Museum nur in Begleitung. Eine Anstandsdame geleitet sie auch zu den Vorlesungen in Oxford, denn Gertrude Bell hat durchgesetzt, in „Lady Margaret Hall" aufgenommen zu werden. Als eine der ersten Mädchen überhaupt ist sie in Oxford eingeschrieben, wenn auch nur als Gasthörerin für Geschichte, versteckt in einer Ecke des Hörsaals. Noch gilt die Lehrmeinung, die Überanstrengung des weiblichen Hirns schade dem Kinderkriegen, sodass sich viele Professoren schlicht weigern, eine Vorlesung zu beginnen, so sich eine Zuhörerin blicken lässt. Noch keine zwanzig, besteht Gertrude Bell 1888 ihren Abschluss ein Jahr früher als vorgesehen mit der höchsten Auszeichnung. Einen Titel bekommt sie als Mädchen nicht verliehen. Der wird in Oxford noch über dreißig Jahre nur Männern zugestanden.

Gleichfalls 1888 ihre erste weite Reise. Den Winter über bleibt sie bei Verwandten in Bukarest, dann besteigt sie den Orientexpress nach Konstantinopel, ehe sie nach England zurückkehrt.

London tanzt. Bei ihrer ersten Ballsaison ist Gertrude Bell einundzwanzig. Üblich ist siebzehn. Die Bälle sind Heiratsmärkte, und von den Debütantinnen wird erwartet, spätestens nach der dritten Saison verheiratet zu sein. Auch von ihr, aber sie erwärmt sich für keinen. Die Jungspunde langweilen sie. Sie lernt lieber Persisch und Arabisch. Und doch findet sie eine Liebe auf ihrer nächsten Reise. Die Bells haben beste Gesellschaftsverbindungen, und so ist sie für ein halbes Jahr Gast der Botschaft in Teheran. „Ich habe nicht gewusst, was eine Wüste ist, bis ich hierherkam. Es ist etwas ganz Wunderbares!“ Sie verliert ihr Herz an das Morgenland – und an Henry Cadogan, der in einem Brief an ihren Vater um sie anhält. Doch der lehnt ab, denn Cadogan ist ein berüchtigter Spieler mit hohen Schulden. Nach ihrer Rückreise versucht Gertrude ihre Familie dennoch von ihm zu überzeugen, und um das Warten auf den Geliebten zu ertragen, schreibt sie ihre Reiseerfahrungen auf und übersetzt die Gedichte des Hafiz. Bald aber trifft sie ein harter Schlag: Henry Cadogan stürzt in einen eiskalten Bach und stirbt 1893 an einer Lungenentzündung. Gertrude Bell ist verzweifelt. „Es gibt Tage, die so schlimm sind, dass nur noch Schweigen möglich ist.“ Über Jahre betäubt sie ihre Trauer mit Reisen, und erst 1899 überwindet sie sich, in den Nahen Osten zurückzukehren. Sie geht nach Jerusalem, das zum Osmanischen Reich gehört.

„Sie war eine durch und durch englische Lady mit Pariser Schick.“ Schnürstiefel, knöchellanges Kleid, leichter Schal, breiter Hut – so erobert sie sich die Wüste. „Die englischen Frauen sind sonderbar. Auf der einen Seite sind sie vermutlich die größten Sklaven der Konventionalität. Wenn sie aber einmal damit gebrochen haben, dann richtig.“ Gertrude Bell erfüllt, was die *New York Times* schrieb: Sie bricht die Regeln auf sehr englische Weise. Sie reitet mit Führer, Koch und Maultiertreibern nach Jericho mitsamt Teegeschirr und einer Badewanne aus Leinentüchern. Sie kauft ein Pferd und verzichtet zwar auf den sittsamen Damensattel, trägt für den bequemeren Herrensattel aber einen eleganten und schicklich geteilten Rock. Das ist unerhört in einer Welt, in der Frauen Häuser niemals unbegleitet und selten ohne Schleier verlassen. Als Frau allein mit Fremden in der Wüste zu reisen, gilt als anstößig, vor allem aber ist es gefährlich. Unter der Zwingherrschaft der Türken

Konstantinopel, heute Istanbul, Fotografie um 1880

Petra in Jordanien, Blick auf die königlichen Felsengräber mit dem dreistöckigen Palastgrab

bekriegen sich die bitter verfeindeten arabischen Stämme, und in der Wüste gilt das Gesetz der Blutrache. Überfälle der Beduinen auf Karawanen und Reisende sind Alltag. Kamele werden geraubt, Sklavinnen verschleppt, Skelette bleichen im Sand. Das aber hält Gertrude Bell nicht ab, und sie dringt in Gebiete ein, die kaum zuvor ein Europäer und schon gar keine Frau betreten hat. „Es ist beängstigend, wie der Orient sich um mein Herz schlingt, bis ich nicht mehr weiß, was ich und was er ist. Seine Schönheit und sein Liebreiz, die auch durch Vertrautheit nie abzustumpfen scheinen, sind mir immer deutlich bewusst." Die Felsenstadt Petra, Damaskus, die Ruinen von Maschetta, die Drusenberge, das untergegangene Palmyra sind jedoch schwer zu erreichen, denn die aufkeimende Unruhe im Land gegen ihre Herrschaft macht die Türken vorsichtig. Sie fürchten feindliche Kundschafter, und so braucht es Mut, in Arabien zu reisen, aber mehr noch Geduld. Kein Ritt ohne die Genehmigung argwöhnischer türkischer Beamter, die Gertrude Bell ihnen mit Engelszungen genauso abschwatzt wie Soldaten als Geleitschutz. Sie ist nicht überall gern gesehen. Wird ihr aber ein Weg verboten, stiehlt sie sich davon. „Ich bin ihnen durch die Finger geschlüpft!" Sie ist zu begeistert von der Wüste, um sich aufhalten zu lassen, und sie lernt, mit den Arabern umzugehen. Niemals wird sie in den kommenden Jahren ein Beduinenzelt durch den Fraueneingang betreten. Trifft sie auf ein Lager, reitet sie ohne Scheu sofort auf das größte Zelt zu und bittet mit ausgesuchter Höflichkeit, empfangen zu werden. Gastfreundschaft ist den Arabern heilig. Keinem wird ein Haar gekrümmt, jedenfalls nicht, solange er unter dem Schutz des Gastrechts steht. Anfangs aber hat sie noch sehr viel zu lernen: Ein Scheich der Hasineh schlägt sein Lager neben ihr auf. Er lädt sie in sein Zelt ein. Kissen am Kameldungfeuer, tiefschwarzer Kaffee, sie hat ihre Zigarettenspitze aus Elfenbein in der Hand, hört den Geschichten zu. „Wer Pferde verkauft hatte, wer Kamele besaß, wer bei einem Überfall getötet wurde, wie hoch das Blutgeld sein würde oder wo die nächste Schlacht." Sie verabschiedet sich, bemerkt aber die finster enttäuschten Gesichter ihrer Gastgeber. Als sie erfährt, dass ihr zu Ehren ein Hammel geschlachtet wurde, um ihr zu essen anzubieten, kehrt sie auf dem

Die Ruinen der antiken Oasenstadt Palmyra in Syrien

Beduinenzelt, kolorierte Fotografie um 1910

Major Charles Hotham
Montagu Doughty-Wylie

Absatz um und schenkt dem Scheich eine Pistole. Einem Krieger eine Waffe zu überreichen, gilt als überaus ehrenvoll. „Es war ein teures Gastgeschenk, aber die Erfahrung war die Pistole wert." Das kann auch anders ausgehen: Sie verhandelt mit einem einäugigen Stammesführer um freies Geleit. „Ein Gauner reinsten Wassers, verflucht von seinen beiden Eltern." Sie gibt ihm einen Revolver, er stellt ihr einen Führer. Am nächsten Morgen aber droht er, sie allein fortzuschicken und in der Nacht zu überfallen, falls sie ihm nicht auch noch ihr Fernglas lässt. Sie hat keine Wahl. „Allah möge ihm auch das andre Auge rauben!" Ihr Wissen um die Welt der Araber jedoch wird sich bald als unschätzbar erweisen, und ihr Ruf wird sich bei den Wüstenstämmen verbreiten, die der furchtlos würdevollen „Königin" mit Achtung begegnen. Die Scheichs geben ihr den Namen „Chatun", „Dame", die Beni Sakhr, deren Land sie durchquert, nennen sie „Tochter der Wüste".

Es folgen Jahre des Lernens im Abendland und Jahre des Reisens im Morgenland. Sie beschäftigt sich eingehend mit Ausgrabungen, brütet dafür über Büchern, streift durch Museen, begibt sich auf Weltreise, klettert, nimmt Unterricht in Archäologie, Kartografie und Vermessungstechnik. Für ihre Streifzüge durch die Stein- und Sandwüsten verzichtet sie nun auf Genehmigungen, die sie von den Türken nicht bekommen wird, denn aus den arabischen Fehden ist ein Krieg zweier mächtiger Stammesführer geworden. Muhammad Ibn Raschid kämpft mit Abd el Asis Ibn Saud um die Vorherrschaft in der Wüste. Trotzdem bereist sie den Libanon, Syrien, Kleinasien. Sie zeichnet Karten unbekannter Gebiete, gräbt Ruinen aus und notiert die Eigenheiten und Gewohnheiten von Maultiertreibern und Räubern genauso wie von Scheichs und Scherifen, denn sie nutzt jede Gelegenheit, mit ihnen zu sprechen, und knüpft damit kostbare Beziehungen zu allen Stämmen über die Feindesgrenzen hinweg. Und erfährt in den Nomadenlagern der Beduinen mehr über das Leben in der Wüste, das Überleben in ihr, die Stammesfeindschaften, die Verbrüderungen. Die reisende Dame, die mit Zelt, Klappbett, Badewanne, Silberbesteck, Tischtüchern und Kristallgläsern durch lebensfeindliche Wüsten zieht, wird so in ganz Arabien nicht nur bekannt, sondern respektiert, und das, obwohl sie eine Frau ist. In ihr reift daher ein Plan, tollkühn und verwegen: Sie will die gesamte Arabische Wüste durchqueren, die nur zu oft eine wasserlose Sonnenhölle ist aus Stein, Geröll und Sand. Doch nicht Neugier, Wissensdurst oder Abenteuerlust treiben sie in die Einsamkeit, sondern eine abermals vergebliche Liebe.

Major Charles Hotham Montagu Doughty-Wylie: die zweite große Liebe ihres Lebens und so vergeblich wie die erste. Sie liebt ihn, er aber ist verheiratet. An Scheidung ist nicht zu denken, denn für ihn wäre der Skandal das Aus in Beruf und Gesellschaft. Sie sehen sich daher nur kurz und selten, doch zwischen ihnen beginnt ein leidenschaftlicher Briefwechsel. Gertrude Bell hofft gegen jede Vernunft, bis sie die Sehnsucht nicht mehr erträgt. „Wenn du wüsstest, welche Höllenqualen ich in den vergangenen Monaten erlitten habe. Ich möchte jetzt Abstand gewinnen, die Zeit tötet selbst die heftigsten Gefühle. Unterwegs sein, Dämmerung, Sonne, Wind und Regen, das Lagerfeuer unter Sternen, schlafen und wieder weiterziehen – wenn das alles nicht hilft, dann weiß ich nicht weiter." Der lange Ritt durch die große Wüste ist eine Flucht, die sie hineinführt ins heiße Herz Arabiens.

„Wir sind in der Hölle angekommen."

Sengende Wochen voller Gefahren: die immer drohenden Überfälle, die gnadenlose Hitze, nur wenige Wasserstellen, die Kälte der Nächte unter sternenübersätem Himmel. „Manchmal frage ich mich tatsächlich, ob ich aus diesem Abenteuer lebend herauskommen werde. Doch in dieser Frage liegt keine Spur von Ängstlichkeit – es ist mir gleichgültig." Sie zieht durch die erbarmungslose Wüste Nefud, bis in der eine Stadt auftaucht. Sie hat die Festung Ha'il erreicht, den Herrschersitz der Ibn Raschid. Sie hofft, den noch sehr jungen Emir Muhammad Ibn Raschid zu finden, doch der führt einen Raubzug im Norden. Stattdessen trifft sie auf seinen erwachsenen Onkel, Ibrahim Ibn Raschid, der sie überaus höflich – gefangen setzt. Seine islamischen Geistlichen dulden keine Christin in ihren Mauern. Tage um Tage muss sie im Herrscherpalast bangen, und nachdem ihre Kamele weggetrieben wurden, um eine Flucht zu vereiteln, fordert sie kühn, ihren Schaden auszugleichen und sie unverzüglich gehen zu lassen, erntet aber immer nur ein Lächeln, bis Gertrude Bell genug hat. Mitten im Gespräch steht sie brüsk auf und geht. Ein König darf das, aber gewiss keine Frau. So viel Stolz indes beeindruckt. Sie bekommt Geld und Kamele, und ihr wird sogar erlaubt, die Stadt zu besichtigen, die seltsam leblos wirkt. Erwachsene Männer sind kaum auf den Straßen. Zu viele wurden im Krieg mit den Ibn Saud getötet. „Am Lagerfeuer erzählt man sich nur Mordgeschichten." Sie verlässt Ha'il unbehelligt und erfährt auf ihrem Weg nach Bagdad, dass Ibrahim Ibn Raschid die Kehle durchgeschnitten wurde. Sie schreibt an den britischen Konsul: „Ich denke,

die Raschids gehen ihrem Ende entgegen. Nicht ein erwachsener Mann ihres Hauses ist am Leben geblieben – der Emir ist erst sechzehn oder siebzehn, und alle anderen sind kleine Kinder, so grausam ist die Familienfehde. Ich würde sagen, dass die Zukunft bei Ibn Saud liegt." Ihre Einschätzung wird an das Außenministerium in London weitergeleitet, das ihr zustimmt. Die Raschid, die Saud und der Scherif von Mekka – von den drei mächtigsten Stammesführern Arabiens sind nur mehr zwei übrig, und beide haben einen gemeinsamen Gegner, der ihr Land besetzt hält und zugleich der Feind Englands geworden ist: die türkischen Osmanen.

Sie haben sich mit dem Deutschen Reich verbündet. 1914. Erster Weltkrieg. Deutschland greift Englands Ententemächte an, im Westen Frankreich, im Osten Russland. Wollen die Engländer den türkischen Verbündeten Deutschlands im Nahen Osten bekämpfen, müssen sie versuchen, die Araber auf ihre Seite zu ziehen.

Die Lady mit dem Wüstenspleen wird mit einmal nicht mehr nur für leicht verrückt gehalten. Großbritannien sieht seine Kronkolonie Indien bedroht und den Zugang zum Öl Persiens gefährdet. Gertrude Bell wird nach London eingeladen, um ihre Beobachtungen im Nahen Osten, ihr Wissen, ihre Erfahrung, die Karten, die sie gezeichnet hat, vor allem aber ihre geknüpften Beziehungen für den heraufziehenden Krieg im Nahen Osten zu nutzen. Ihr Wort hat bei den Stämmen Arabiens Gewicht. In England sieht sie Doughty-Wylie für einige Tage, doch nichts hat sich geändert. „Ich stehe in Flammen und werde verzehrt." Sie finden nicht zueinander. Gertrude Bell möchte nach Arabien zurück, doch das verweigert ihr die Regierung vorerst. Sie ist zu wertvoll geworden. Doughty-Wylie hingegen wird mit einem Expeditionsheer an die osmanisch besetzten Dardanellen geschickt. Der Erste Lord der Admiralität, Winston Churchill, will die Meerenge einnehmen, um den Zugang von der Ägais zum Marmarameer zu erzwingen, an dessen Küste Istanbul liegt. Die Hauptstadt des Osmanischen Reiches wiederum beherrscht den Bosporus, den Zugang zum Schwarzen Meer, das England erobern muss, um den schwachen Verbündeten Russland mit Nachschub zu versorgen. Zwei Fliegen mit einer Klappe: die Osmanen geschlagen, Russland den Rücken gestärkt, doch jeder Schlachtplan ist nur so lange gut, bis die Schlacht beginnt. Der englische Dardanellenangriff wird bei Gallipoli zur Katastrophe. 500 000 Soldaten prallen aufeinander. 250 000 von ihnen sterben. Unter ihnen Doughty-Wylie. Er wird durch einen Kopfschuss getötet. Als Gertrude Bell davon erfährt, bricht ihre Welt zusammen. Kurz nach seiner Abreise hatte sie ihm noch geschrieben: „Wenn du stirbst, warte auf mich – ich habe keine Angst vor dieser letzten Reise; ich werde zu dir kommen." Die Trauer wird fortan ihr Leben bestimmen – und der arabische Aufstand.

Ist das Osmanische Reich nicht am Mittelmeer zu schlagen, dann eben im Nahen Osten. Gertrude Bell wird vom „Arabischen Büro" in Kairo angeworben, einer kleinen Abteilung des militärischen Geheimdienstes. Einen der Mitarbeiter kennt sie bereits: Thomas Edward Lawrence. Gertrude Bell ist gefragt. Sie spricht die Sprache der Araber, kennt ihr Leben wie ihr Denken und

---

Bildnis einer türkischen Dame mit Tschador, Fotografie um 1880 durch ihre Reisen das Land wie kein Zweiter. Sie schreibt zuerst in Basra, später in Bagdad auf, was sie weiß und was ihr an Gerüchten zugetragen wird, und ihre Geheimdienstberichte führen zu einer entscheidenden Erkenntnis: Die arabischen Stämme sind unentschlossen, auf welcher Kriegsseite sie stehen werden. Die einen sprechen sich für ihre islamischen Brüder, die Türken, die anderen für England aus, um sich von der osmanischen Herrschaft zu befreien. Gertrude Bell rät, auf den Haschemiten-Scherif Hussein Ibn Ali von Mekka zu setzen, um den arabischen Aufstand zu schüren. Sie ist sich sicher: Wird ihm ein unabhängiges arabisches Reich zugesichert, wird er kämpfen. Während T. E. Lawrence alles zusammenträgt, was an Truppenbewegungen, Eisenbahnverbindungen oder Nachschub zu erfahren ist, arbeitet Gertrude Bell an einem Bericht, der die Familienverbindungen der Araber aufzeigt, wer mit wem befreundet, wer verfeindet ist. Sind Gespräche mit den Stämmen notwendig, wird sie entsandt, und als Major des Geheimdienstes bekommt sie den Auftrag, einen eigenen Nachrichtendienst für Arabien aufzubauen.

England folgt ihrem Rat, Hussein zu unterstützen und ein arabisches Reich in Aussicht zu stellen. Denn steht der Fürst von Mekka, dem wichtigsten Heiligtum des Islam, auf der Seite der Ungläubigen, werden seine Glaubensbrüder mit ihm gegen die moslemischen Türken ziehen; aber ebenso besteht Gertrude Bell klug darauf, auch Asis Ibn Saud nicht zu vergessen, den Sieger über die Raschid, den England bald ebenfalls mit Geld und Waffen beliefert.

„Er ist Politiker, Herrscher und Räuber in einer Person."

England braucht die Waffen seiner Beduinen. Der Krieg um den Nahen Osten hat da längst begonnen. Englische Truppen haben von Indien aus Basra erobert. Ihr Angriffsziel lautet nun Bagdad. Die Landkarten der Arabischen Halbinsel aber sind zu lückenhaft oder fehlen ganz. Um eine Armee zu entsenden, werden Führer gebraucht, Essen, Wasser, Kundschafter, die das Land wie ihre Westentasche kennen. Unmöglich ohne die arabischen Stämme. Ebenso unmöglich: die Osmanen zu schlagen ohne die jahrhundertelange Kampferfahrung der Wüstenkrieger. Vor allem aber wird der arabische Aufstand gegen die Türken nur Erfolg haben, falls sich so viele Stämme wie nur möglich vereinigen. Gertrude Bells Geheimdienst schmiedet dafür geschickt im Hintergrund die entscheidenden Bündnisse, den Ruhm aber erntet an ihrer statt Thomas Edward Lawrence, der als „Lawrence von Arabien" weltbekannt wird, weil er beim Aufstand in der Wüste mitkämpft. Überfälle auf Militärlager, Sprengstoffanschläge auf die Hedschas-Eisenbahn von Damaskus nach Medina, Hinterhalte in der Wüste: Er führt die schlecht bewaffneten Beduinen in einen Guerillakrieg, den sie mit ihren Kamelen meisterhaft be-

Ibn Saud, Sir Percy Cox und Gertrude Bell in Basra im Irak, 1917

herrschen. Bagdad, Syrien, Palästina – bald treiben Briten und Araber die Türken vor sich her, und am 1. Oktober 1918 reitet Lawrence mit Faisal, dem dritten Sohn des Scherifen von Mekka, in Damaskus ein. 1918: Der Erste Weltkrieg ist vorbei, die Araber haben die türkische Herrschaft abgeschüttelt. Das versprochene arabische Reich wird ihnen jedoch verwehrt.

Faisal, der sich zum Herrscher über Syrien ausruft, regiert in Damaskus, sein ältester Bruder, Abdullah, soll in Bagdad König werden, Scherif Hussein selbst will sich mit der Herrschaft über das Hedschas, dem weiten Land um Mekka und Medina, begnügen, doch ein gesamtarabisches Reich unter der Hoheit der Scherifenfamilie bleibt ein Wunschtraum, den die europäischen Siegermächte vereiteln. Zunächst wird Gertrude Bell als beste Kennerin des Landes beauftragt, Grenzen für ein „Königreich Irak“ festzulegen. Sie arbeitet sich müde und matt und überhäuft sich mit Arbeit, vor allem auch, um die Trauer über den Tod des Geliebten zu überdecken. „Dieser Kummer wirft einen Schatten auf alles, ich bin wie tot.“ Sie beginnt ihren Tag dennoch frühmorgens mit einem Ausritt, Arbeitsende ist dann meist in der Nacht. „Ich fühle mich manchmal wie der Schöpfer in der Mitte der Woche.“ Für ihre Schöpfung aber kommt zuerst alles anders. Gertrude Bell nimmt 1921 als einzige Frau an der Konferenz von Kairo teil, die über einen eigenen arabischen Staat verhandelt. Sie ist überzeugt, dass der Nahe Osten nur unter arabischer Herrschaft zur Ruhe kommen wird, ihr Vorschlag aber geht unter, zwischen der Türkei, Syrien, Kuwait und Persien ein gesamtarabisches Königreich zu bilden. „Man übertrage ihnen Verantwortung und lasse sie ihre eigenen Angelegenheiten erledigen, und sie werden es immer noch tausendmal besser machen, als wir es können.“ England aber bricht sein Wort und behält

Picknick mit
König Faisal, 1922

Mesopotamien und Palästina, Syrien und der Libanon gehen an Frankreich. Sie hält das für einen schweren Fehler. „Worüber ich mir ziemlich sicher bin, ist die Tatsache, dass wir unsere Position in ganz Asien werden überdenken müssen, wenn wir dieses Land hier vor die Hunde gehen lassen. Wenn Mesopotamien verloren geht, dann geht unweigerlich auch Persien verloren und dann Indien. Und der Platz, den wir leer lassen, wird von sieben Teufeln eingenommen, die um vieles schlimmer sind als alle, die vor uns da waren." Die Zukunft wird ihr recht geben. Die arabische Welt wird zum dauerhaften Kriegsgebiet und das britische Empire wird untergehen.

Wenn schon kein arabisches Großreich, so zumindest das Königtum im Irak – dafür schlägt sie sich weiter in die Bresche und sie hat Erfolg. Bereits im Weltkrieg als „Commander of the British Empire" ausgezeichnet und zum „Oriental Secretary" ernannt, zur Beraterin für arabische Angelegenheiten, vermittelt Gertrude Bell zwischen England und den Scheichs. Henry Dobbs, der britische Hochkommissar in Arabien: „Sie ist tatsächlich ein Bindeglied zwischen dem britischen und dem arabischen Volk." Die Lösung, die sie für beide erreicht: Aus den Provinzen Basra, Bagdad und Mossul soll der Irak entstehen, aber unter britischer Aufsicht bleiben, und weil sie Faisal als fähigsten Bewerber für den irakischen Thron sieht, wird sie nicht müde, sich für ihn einzusetzen, obwohl sie selbst im Land insgeheim als die „ungekrönte Königin Mesopotamiens" gilt. Ihr Haus in Bagdad wird zum Bienenkorb. Wer in Arabien Rang oder Namen hat, besucht sie, und sie rät sowohl Arabern als auch Engländern so gut sie kann. Der *New York Herald* schreibt: „Für jeden Araber auf der Halbinsel ist sie ‚El Sitt', ‚die Frau', und jeder kennt sie dort. Wenn man den Namen Gertrude erwähnt, weiß jeder Engländer von Kairo bis Teheran, wer gemeint ist." Die Königsmacherin erreicht ihr Ziel am 23. August 1921: Einundzwanzig Salutschüsse, eine Militärkapelle spielt „God save the

King“, weil der Reißbrettstaat Irak noch keine Hymne hat, Faisal wird zum König ausgerufen. „Es ist schwierig, über Miss Bells Dienste sowohl für die britische als auch die irakische Regierung zu schreiben, ohne in den Verdacht der Übertreibung zu geraten. Ihre erstaunlichen Kenntnisse dieses Landes und seiner Menschen und ihr Mitgefühl mit ihnen versetzen sie in die Lage, in ihre Seele zu blicken, während ihr unerschütterlicher Glaube sie daran hindert, über das, was sie dort manchmal vorfindet, den Mut zu verlieren. Ihre lange Bekanntschaft mit den Stämmen und den Scheichs macht ihren Rat bei den immer wiederkehrenden Krisen in Stammesangelegenheiten unschätzbar.“

Das Königreich ist ausgerufen, doch die Stammeszwiste sind nicht vorbei. Religionsstreitigkeiten zwischen Sunniten und Schiiten, Gebietsrangeleien zwischen Armeniern, Kurden, Juden und Arabern – das Vielvölkerland Arabien bleibt ein Pulverfass. „Die Politik tritt immer mehr in den Hintergrund und muss den großen verwaltungstechnischen Aufgaben Platz machen, die mich nicht betreffen und von denen ich auch wenig Ahnung habe.“ Gertrude Bell wird als Unterhändlerin nicht mehr wirklich gebraucht, und die fehlende Herausforderung macht ihr zu schaffen. Sie steht noch immer frühmorgens auf, vor dem Frühstück turnt sie und arbeitet im Garten ihres Hauses in Bagdad, dann geht sie an den Schreibtisch, doch nur noch bis zum Mittag, danach liest sie und schreibt Briefe. Um die Leere zu füllen, kümmert sie sich um die Ausgrabungen im Land. Faisal betraut sie mit der Erforschung des Zweistromlandes zwischen Euphrat und Tigris. Sie beginnt, die Zeugen der Vergangenheit dem Sand zu entreißen. Babylon und Ninive, die Reiche Hammurabis und Nebukadnezars, Namen wie Semiramis, Harun al Raschid oder Saladin – Arabien hat eine reiche Geschichte, und damit sie nicht vergessen wird, hilft sie in Bagdad das irakische Nationalmuseum aufzubauen, das zu einem der bedeutendsten zur Menschheitsgeschichte werden wird.

Sich selbst dagegen kann sie nicht helfen. Noch immer zehrt der Verlust ihrer Liebe sie aus. „Ich habe oft das Gefühl, dass ich nicht weiß, wie ich alles ertragen soll.“ Sie wird schwermütig und fühlt sich so erschöpft, dass sie für Wochen nicht aufstehen kann. Gertrude Bell zieht sich mehr und mehr zurück. Sie tritt ab als Beraterin, die Eröffnung des irakischen Museums will sie noch abwarten, dann das Land verlassen. „Es ist zu einsam, mein Leben hier; man kann nicht ewig allein bleiben. Zumindest ich habe das Gefühl, dass ich es nicht mehr kann.“ 1926 wird der ausschlaggebende Vertrag über die Unabhängigkeit des Irak unterzeichnet. Ihre Aufgabe ist erfüllt. Am 12. Juli 1926 wird sie in den frühen Morgenstunden in ihrem Gartenhaus in Bagdad gefunden. Sie hat eine Überdosis Schlaftabletten genommen. „Ich habe keine Angst vor dieser letzten Reise; ich werde zu dir kommen“: Gertrude Bell hat ihr Versprechen gehalten. Sie stirbt zwei Tage vor ihrem achtundfünfzigsten Geburtstag. Die irakische Führung gibt ihr das Geleit, dazu Truppen der Armee, Scheichs und Stammesführer. Auf Faisals Wunsch wird das irakische Museum nach ihr benannt, der sie schon zu Lebzeiten mit einfachen Worten ehrte: „Du bist eine Frau aus Mesopotamien, eine Beduinenfrau.“ Und auch sie selbst hat ihr abenteuerliches Leben in einen schlichten Satz gegossen: „Ich war eine Tochter Arabiens.“

Edith Cavell, 1915

Patriotism is not enough

EDITH CAVELL

Edith Cavell mit Krankenschwestern in der Schwesternschule in Brüssel, die sie 1915 gegründet hatte

Edith Louisa Cavell, 1865 geboren in Norfolk, England. Auch ihr zu Ehren ist ein Berg benannt: der Mount Edith Cavell in den kanadischen Rocky Mountains. „Verhaftet 5. August 1915. Kriegsgericht 7. Oktober 1915; 8. Oktober 1915. Gestorben um 7 Uhr am 12. Oktober 1915." Sie schreibt die letzten Sätze noch hastig in ihr Tagebuch, ehe sie in Belgien hingerichtet wird. Um 5 Uhr morgens war sie aus der Zelle geholt worden. Den angebotenen Tee lehnte sie ab. Zwei Autos waren durch das Gefängnistor gefahren. Im ersten saß Edith Cavell, eingeklemmt zwischen Soldaten. Dann wurde sie nach „Tir National" gebracht, einer Schießbahn der Armee. Die Engländerin wirkt gefasst, als sie an einen Pfahl vor einer Mauer gebunden wird. Die deutschen Soldaten, die sie erschießen werden, tragen Pickelhauben. 1915: Erster Weltkrieg. Belgien ist von deutschen Truppen besetzt. Der Soldat, der ihr die Augen verbindet, sagt später, ihr haben Tränen in den Augen gestanden. Sie hat Angst, aber sie schweigt. Philippe Baucq, der neben ihr an einem Pfahl steht, schweigt nicht. „Nach dem Tod sind wir alle Brüder!" Ihr Ankläger, der deutsche Kriegsgerichtsrat Stoeber, bellt darauf wütend den Schießbefehl. Der Dichter Gottfried Benn, der als Militärarzt dabei ist: „Die Gewehre der ihren Opfern ganz nahe stehenden Soldaten gingen los. Mit zerfetzter Brust fielen die Erschossenen hin." Edith Cavell wird von vier Kugeln getroffen. Eine streift ihr Herz. Sie ist sofort tot. Ihre Leiche wird auf der Schießbahn verscharrt, und noch am selben Tag hängen die Besatzer in Brüssel Plakate auf: „Das Urteil ist vollstreckt!"

Der Mord an Edith Cavell durch die Deutschen, zeitgenössische Darstellung

Ihr Tod aber hat für Deutschland ungeahnte Folgen: Ein weltweiter Sturm der Entrüstung bricht los, denn Edith Cavell ist nichts als eine Krankenschwester, die Verwundeten hilft und Flüchtlinge vor Gefangenschaft schützt. Für die kriegsunwilligen Engländer wird sie zur Märtyrerin gemacht. Zwei Wochen nach ihrer Erschießung spricht der Erzbischof von London vor einer Unmenge von aufgebrachten Zuhörern. „Eins haben die Urheber dieses Verbrechens nicht bedacht: Es hat die Frage nach der Rekrutierung unserer Truppen erledigt. Einen Zwang zur Rekrutierung wird es nicht mehr geben." Die Hinrichtung Edith Cavells rächt sich: Die Zahl der englischen Kriegsfreiwilligen verdoppelt sich. An nur einem Tag melden sich 10 000 zum Einsatz. Junge Mädchen tragen Trauerflor am Ärmel. Zeichnungen erscheinen, die Edith Cavell hingemordet zeigen von grimmigen deutschen Soldaten. Die Vereinigten Staaten von Amerika brechen ihre diplomatischen Beziehungen zum Deutschen Reich ab, und ihr Kriegseintritt wird der Untergang des deutschen Kaiserreichs werden. Bis zum Ende des Krieges 1918 aber werden die Erschießungen in Belgien weitergehen. Eines der letzten Opfer ist die zehnjährige Yvonne Vieslet. Sie hat einem französischen Kriegsgefangenen ein Stück Brot zugeworfen. Das Kind wird auf den Tag drei Jahre nach Edith Cavell abgeschlachtet. 17 Millionen Tote, 20 Millionen Verwundete: Der Erste Weltkrieg ist da für alle längst verloren. Nur vier Wochen später ist er vorbei. Der Angreifer Deutschland hat kapituliert.

England, Norfolk, 4. Dezember 1865: Edith Cavells Vater ist ein pflichtbewusster, strenger Kirchenpfarrer, die warmherzige Güte der Mutter gleicht seine Härte aus.

Pflicht und Güte werden der begabten Edith Cavell mitgegeben.

Ein wenig schüchtern ist sie, schmal und blass, mit grauen Augen. Sie lernt gern und wird dafür auf Schulen geschickt wie die „Miss Margaret Gibbson School" für junge Damen, in der vierundzwanzig Mädchen vor allem in Geschichte und Sprachen unterrichtet werden. Einige Jahre später: Ein Bräutigam ist für Edith Cavell selbst mit fünfundzwanzig nicht in Sicht, und so nimmt sie eine Stelle als Gouvernante bei einem Anwalt in Brüssel an. Fünf Jahre erzieht sie dessen Kinder, dann wird ihr Vater krank. 1895 kehrt sie zurück und pflegt ihn bis zu seinem Tod. Die Fürsorge liegt ihr. Sie hat ihre Berufung gefunden. Edith Cavell wird Krankenschwester, ein gänzlich neuer Beruf, dessen Anfänge die Engländerin Florence Nightingale im Krimkrieg vor wenigen Jahrzehnten erst geschaffen hat. Krankenpflege war bis dahin zumeist Aufgabe von Nonnen. Auch die Gründung des „Roten Kreuzes" des Schweizers Jean-Henri Dunant unter dem Eindruck der Schlacht von Solferino ist erst gut dreißig Jahre her. Edith Cavell wird noch mal zur Lernenden. Im Londoner Viertel der

Dockarbeiter dient sie ihre Probezeit ab. Das Londoner Hospital im East End behandelt die Armen, die Verwahrlosten, die Verrückten. Edith Cavell teilt sich ein ungeheiztes Zimmer mit vier Mädchen, sie schrubbt Böden, kümmert sich um die unbetäubten Kranken, die sich nach grobschlächtigen Eingriffen in den Behelfsbetten winden. Edith Cavell pflegt aufopfernd, und ihre Arbeit ist bald so hervorragend, dass ihr im „St. Pancras Hospital" die Nachtwache anvertraut wird, ehe ihr in Shoreditch 120 Schwestern und 750 Betten unterstellt werden.

Sie führt ein durchgreifendes Regiment, gilt als resolut und ihr Humor ist englisch knochentrocken, für ihre Hilfsbedürftigen aber hat sie ein großes Herz. Edith Cavell verteilt Decken an sie, Wärmflaschen und Kleider unter der einzigen Bedingung, dass sie sauber zurückgegeben werden. Peinlich genau lässt sie ihren Schwestern nichts durchgehen, aber sie stockt zugleich die dreijährige Schwesternausbildung um ein weiteres Jahr auf, in dem die Mutterschaft Lehrmittelpunkt ist, denn die Kindersterblichkeit ist entsetzlich hoch und das Kindbettfieber rafft noch immer zu viele Mütter weg. Um den frisch Entbundenen und ihren Säuglingen beizustehen, führt sie erstmals Hausbesuche ein. Ein Beispiel, das rasch Schule macht, und so wird mit Antoine Depage ein Chirurg auf sie aufmerksam. Er hat in Brüssel Häuser in der Rue de la Culture angemietet, um die erste belgische Schwesternschule zu eröffnen, die seinem „Berkendael Medical Institute" beigegeben wird. Er braucht eine Oberschwester, und Edith Cavell nimmt das Angebot an. 1907 ist sie wieder in Brüssel. Er operiert, sie hat sich um alles sonst im Krankenhaus zu kümmern. Ein gewaltiger Berg an Arbeit. Für ihren Mitarbeiterstab holt sie erfahrene Krankenschwestern aus Holland, Frankreich, der Schweiz und Deutschland. Bei ihrer eigenen Ausbildung hat sie deutsche Krankenhäuser kennengelernt und von ihrer kleinen Erbschaft den größten Teil einem bayerischen Arzt geschenkt, um medizinische Instrumente zu kaufen. Im bayerischen Krankenhaus war sie beliebt und sie liebte das Land und die Leute. Für das Wappen ihrer belgischen Schwesternschule malt sie ein Edelweiß.

Ihre Krankenschwestern, die blaue Baumwollkleider mit hohem weißem Kragen, eine Schürze und ausladende Hauben tragen, werden rasch geschätzt, denn bei der „englischen" Ausbildung setzt Edith Cavell nicht nur auf Herzenswärme und gute Worte. Hygiene, Anatomie und Grundkenntnisse der Naturwissenschaften werden vermittelt, und auch sie selbst bildet sich fort. Lässt ihre Zeit das zu, assistiert sie im Operationssaal. Wieder macht ihr Vorgehen Schule, und bald ersetzen ihre Schülerinnen auch in belgischen Krankenhäusern, Privatkliniken und Sanatorien die Nonnen. Zeit für sich hat sie kaum, und erst nach Jahren der Arbeit gönnt sie sich einen Urlaub in England, doch sie bricht ihn ab und eilt nach Belgien zurück: Deutschland und Frankreich sind im Krieg. Sie erreicht Brüssel am 3. August 1914. Einen Tag später erfolgt die Kriegserklärung Englands an Deutschland und zwei Wochen darauf flieht die belgische Regierung nach Antwerpen. Brüssel wird kampflos preisgegeben. Bald gehen Schreckensnachrichten in der Stadt um von willkürlichen Massakern an Zivilisten, von Plünderungen und Brandschatzungen im ganzen Land. Die Gerüchte sind wahr. In Dinant werden 674 Männer, Frauen, Kinder auf dem Marktplatz zusammengetrieben und erschossen. Das jüngste Oper: Felix Fivet, drei Wochen alt. In Löwen wird Feuer gelegt und die berühmte Bibliothek abgefackelt, und Löwen ist nicht weit. Bei Mons werden die britischen, bei Namur die französischen Truppen geschlagen. Verwundete belgische, englische und französische Gefangene werden vom deutschen Heer kaum versorgt, viele werden erschossen. Wer Glück hat, kann sich verstecken oder über die Grenze in das unbeteiligte Holland fliehen. In Brüssel bricht Panik aus vor den herannahenden deutschen Truppen, dann marschieren 20 000 Mann in die Stadt ein, und Edith Cavell ist zerrissen zwischen Mitleid und Hass. Die deutschen Soldaten sind müde und abgezehrt, und als nach Stunden Halt befohlen wird, legen sie sich hin, wo sie gerade stehen und gehen, um einfach nur noch zu schlafen. Und doch sind sie ein erbarmungsloser und grausamer Feind, der das friedvolle Belgien überfallen hat, um Frankreich in die Zange zu nehmen. „Ich habe Leiden, Armut und menschliches Elend in den Slums von London gesehen. Aber nichts von dem verletzt mich so, wie zu sehen, wie das stolze, aufgeschlossene und glückliche Volk der Belgier gedemütigt und seiner Männer beraubt wird, wie ihre Häuser von feindlichen Soldaten gestürmt und ihre Geschäfte ruiniert werden."

Dennoch bereitet sie ihr Krankenhaus vor, britische und französische Kriegsgefangene und deutsche Soldaten zugleich aufzunehmen. Sie kauft mehr Verbände, mehr Medizin, mehr Betten, ihre Schülerinnen verpflichtet sie, Sonderschichten zu fahren, und über der Klinik wird die Rot-Kreuz-Fahne gehisst. Belgier oder Deutscher, Zivilist oder Soldat, das ist ihr egal. Ein Leidender ist ein Leidender und steht unter ihrem Schutz. Und Edith Cavell ist nicht die Einzige, die sich kümmert: Auf Schloss Bellignies, eine Stunde von Brüssel, versorgt die Prinzessin Marie de Croÿ verwundete Soldaten. Sie verstecken sich in den Wäldern des Schlosses, um nicht den Deutschen in die Hände zu fallen. Die Bauern geben ihnen zu essen, die Verwundeten schicken sie zur

Das St Pancras Hospital in London, um 1912

Große Vorgängerin: die Krankenschwester Florence Nightingale (1820 – 1910)

Prinzessin, die einen Teil des Schlosses zum Lazarett macht. Dann taucht ein deutscher Offizier auf. Er befiehlt, den Generalstab aufzunehmen und zu versorgen. Die Generäle rücken ein, unter ihnen der Schwager des deutschen Kaisers Wilhelm II. Er entdeckt im Lazarett neben einem deutschen Soldaten mit einem Kopfschuss auch britische Verwundete und befiehlt, ihre Verbände abzureißen, um nachzusehen, ob sie darunter Waffen verstecken. Die Schreie der Verwundeten sind ihm gleichgültig. Die Unmenschlichkeit aber treibt Marie de Croÿ in den belgischen Widerstand. Sie hilft eine Fluchtorganisation aufzubauen, die versprengte alliierte Soldaten nach Holland schafft oder verfolgte Verwundete vor dem Zugriff der deutschen Besatzer versteckt, und sie ist eine Freundin von Madame Depage, der Frau von Antoine Depage, des Leiters der Klinik, in der Edith Cavell am Abend des 1. November 1914 noch arbeitet.

Drei Männer betreten das Krankenhaus. Einer übergibt Edith Cavell einen Brief Madame Depages. Er ist Belgier und bittet, die beiden anderen aufzunehmen, dann verschwindet er, um in der nächtlichen Ausgangssperre nicht erwischt zu werden.

Edith Cavell übergibt die beiden einer Schwester. „Das ist Oberst Boger und Sergeant Meachin – beide sind verwundet. Sie kümmern sich, bitte, um sie und geben ihnen zu essen.“

Boger und Meachin sind Engländer. Dem Oberst ist eine Socke in die faulende Wunde gewachsen. Als Soldaten auf der Flucht droht ihnen die Erschießung, denn in Brüssel herrscht das Kriegsrecht. Das „Berkendael Medical Institute“ aber hat viele Zimmer und viele Patienten. Beim ständigen Kommen und Gehen fallen ein paar Kranke mehr nicht auf. Das Krankenhaus hat außerdem einen Garten, der im Notfall als Fluchtweg gut geeignet ist, und Edith Cavell sagt nicht Nein, sooft der Widerstand sie um Hilfe bittet. „I am helping“, „Ich helfe“, ist schlicht alles, was sie dazu sagt. Um bei ihr aufgenommen zu werden, müssen die Flüchtlinge das Losungswort „York“ kennen, das umgekehrt gelesen „Croy“ ergibt. Sicherheit ist oberstes Gebot, denn der deutsche Geheimdienst lauert überall. Mit dem Widerstand tauscht Edith Cavell daher nur codierte Nachrichten aus. Für die Flüchtlinge nach Holland beschafft sie gefälschte Papiere und gibt ihnen ein wenig Geld mit auf den Weg. Sie und ihre Schwestern sind einfallsreich. Gesunde versehen sie mit falschem Gips oder umwickeln ihren Hals mit blutgetränkten Binden, um eine Schussverletzung vorzutäuschen, die den

Vorteil hat, dass sie so nicht sprechen müssen. Ihr Spiel aber ist gefährlich. Flüchtige Feindsoldaten zu verstecken, darauf steht die Todesstrafe, und nicht alle Flüchtlinge, die sie aufnimmt, sind vorsichtig. Die meisten sind noch halbe Kinder; die Gefahr, in der sie schweben, erkennen sie oft nicht, und so betrinken sie sich in nahen Kneipen oder schäkern mit den hübschen Krankenschwestern auf Englisch oder Französisch. Einer spielt für fünfzig Kinder den Weihnachtsmann und singt zum Schluss „God save the King". Ihren Leichtsinn wird Edith Cavell am Ende bitter bezahlen.

Dass Edith Cavell die Unvorsichtigen zusammenstaucht, nutzt wenig, und sie ahnt nicht, dass im Frühjahr 1915 erstmals der Geheimdienst in ihrem Krankenhaus schnüffelt, doch sie weiß um die Bedrohung. Unter der ständigen Anspannung der Gefahr und im anschwellenden Strom der Kranken, der verletzten Kriegsgefangenen und verwundeten Soldaten altert Edith Cavell rasch. Sie wird noch schmaler, blasser und noch wortkarger als sonst. Zwei, drei Sätze mit Anweisungen für ihre Schwestern, mehr nicht. Beim gemeinsamen Essen mit ihnen schweigt sie. Eine Pause gönnt sie sich dennoch nicht. Die Schlinge um ihren Hals aber zieht sich zu. Im Frühsommer flüchten bei einer Hausdurchsuchung neun englische Soldaten über die Gartenmauer in ein leer stehendes Haus. Sie werden nicht entdeckt, und auch in Edith Cavells durchwühltem Büro wird nichts gefunden. Die von ihr in einem Wassertank versteckten Geheimpapiere bleiben verborgen. Sie wird angeherrscht, wie sie eingelieferte Kriegsgefangene zu bewachen habe, doch sie antwortet nur, sie sei Krankenschwester, keine Gefängniswärterin. Der Geheimdienst jedoch, den die Belgier nur die „Berliner Vampire" nennen, lässt das Krankenhaus nun nicht mehr aus den Augen, und Edith Cavell bittet Marie de Croÿ, ihr vorerst keine Flüchtlinge mehr zu schicken. Für das deutsche Hauptquartier aber steht fest: „Die Cavell muss an die Mauer."

Noch fehlen handfeste Beweise, um die Oberschwester festzunehmen. Sie ist zu angesehen in der Stadt und zu viele verdanken ihrer Arbeit Heilung und Fürsorge. Am 4. August 1915 aber werden die Lehrerin Louise Tuliez und der Architekt Philippe Baucq festgenommen, und Papiere des Widerstands werden gefunden, darunter ein Brief an Edith Cavell, die am Nachmittag des 5. August verhaftet wird. Ob sie gefoltert wird, ist nicht bekannt, aber nach ihrem Verhör werden fünfunddreißig Fluchthelfer eingesperrt. Zumeist einfache Leute, darunter Marktfrauen, Kaffeehausbetreiber, Bergleute, eine Näherin. Der Fluchthelferring ist aufgeflogen. Edith Cavell selbst bleibt über Wochen verschwunden, und erst als der amerikanische Gesandte in Brüssel drängend nachfragt, erfährt er, dass sie im Militärgefängnis von Saint-Gilles ist. Edith Cavell ist sich keiner Schuld bewusst. Als Krankenschwester habe sie nur Leben zu retten und Menschen in Not zu helfen. „Ich habe meine Pflicht getan." Der deutsche Befehlshaber in Brüssel aber will für sie und die Verhafteten ein abschreckendes Urteil. General von Sauberzweig gibt dem Kriegsgerichtsrat Stoeber Anweisung, das Kriegsgericht entsprechend verhandeln zu lassen.

Edith Cavells Anklage lautet auf Spionage und Hochverrat. Ihr droht damit die Todesstrafe. Ein

George Bernard Shaw, irisch-britischer Schriftsteller (1856 – 1950)

Pflichtverteidiger wird ihr an die Seite gestellt, um den Schein zu wahren. Sie darf jedoch nicht mit ihm sprechen, er darf die Akten nicht einsehen. Weil der Vorwurf der Spionage nicht zu beweisen ist, wird sie vom deutschen Kriegsgericht beschuldigt, dem Feind Soldaten zugeführt zu haben. Ihre Verhandlung ist kurz. Ihr Anwalt: „Sie sprach ohne Furcht, zwar leise, doch ihr entschlossener Blick bemeisterte die Schwäche ihrer Stimme.“ Ihr Verhör dauert ganze vier Minuten. „Stolz und ruhig befleißigte sie sich vor allem der Wahrheit.“ 130 Wörter stehen in ihrem Verhörprotokoll, dann schneidet ihr der Ankläger barsch das Wort ab und schickt sie unwirsch zurück auf ihren Platz. Sie verteidigt sich nicht. Sie beruft sich auf ihre Pflicht. Sie ist nicht allein im Gerichtssaal. In einem Aufwasch stehen alle Fluchthelfer vor ihren fünf Richtern. Eine der Mitangeklagten ist die Prinzessin Marie de Croÿ, die sich nicht einschüchtern lässt, trotzdem auch ihr der geifernde Zorn des Anklägers entgegenschlägt. Sie räumt ein, dass mit ihrer Hilfe Flüchtlinge außer Landes geschleust wurden. „Wie man mir angeordnet hat zuzugeben.“ Eine erzwungene Aussage: Sie nimmt damit vor den Zuhörern der Anklage den Wind aus den Segeln. Aber sie tut noch mehr: Sie setzt sich unerschrocken für Edith Cavell ein. „Wenn hier jemand bestraft werden soll, dann wir, doch nicht sie!“ Dennoch fordert der Ankläger in Bausch und Bogen, alle des Hochverrats schuldig zu sprechen. Und er fordert nicht nur die Todesstrafe, sondern für Philippe Baucq ein Jahr und acht Monate Zuchthaus, um ihn erst nach der quälenden Wartezeit in der Gewissheit des Todestages hinzurichten. In drei Tagen soll das Urteil verkündet werden.

Edith Cavell macht sich keine Hoffnung. In ihrer Zelle schreibt sie einen Abschiedsbrief an „ihre Mädchen“. „In Liebe für euch alle. Ich fürchte mich nicht, sondern bin sehr glücklich.“ Im Militärgericht sitzen nicht nur Unmenschen, und so lautet die Urteilsverkündung: Acht der Angeklagten werden freigesprochen, zwanzig zu schwerer Zwangsarbeit verurteilt, sieben zum Tode verurteilt. Darunter Edith Cavell. Einer der Verurteilten: „Ich sah Miss Cavell, die sich gegen die Wand lehnte, gefasst und bewegungslos. Ich ging zu ihr und sagte ein paar Worte der Hoffnung: ‚Mademoiselle, stellen Sie ein Gnadengesuch!' ‚Es ist sinnlos', antwortete sie ruhig, ‚ich bin Engländerin, und sie wollen mein Leben.'" Sie wird in ihre Zelle zurückgebracht und am Abend wird ihr ein Beichtvater geschickt. „Wie lange werden sie mir geben?" – „Leider nur bis zum Morgen." Sie sagt: „Ich fürchte und schwinde nicht. Ich habe den Tod so oft gesehen, dass er mir nicht fremd ist oder mir beängstigend erscheint. Patriotismus ist nicht genug. Ich darf nicht Hass noch Bitterkeit gegenüber irgendjemandem empfinden." „*Patriotism is not enough*": ein kurzer Satz nur, doch er wird zum geflügelten Wort in einer Welt, in der sich „der Ruhm, für das Vaterland zu sterben" längst als hohle Lüge erwiesen hat. Der irisch-britische Schriftsteller George Bernard Shaw: „Mitten im Krieg erklärte sie vor aller Welt ‚Patriotismus ist nicht genug'. Sie pflegte Feinde gesund und half deren Gefangenen zu entkommen, und sie ließ niemand im Zweifel, dass sie jedermann in Not helfen würde, ohne zu fragen, zu welcher Seite er gehört." Erst Jahrzehnte nach ihrem Tod wird die Genfer Konvention festlegen, dass Kriegsgefangene ihrem Soldateneid getreu die Pflicht zur Flucht haben, geflohene Kriegsgefangene bei erneuter Gefangenschaft nicht für ihre Flucht bestraft werden dürfen und dass verwundete Soldaten gleich zu behandeln sind, welcher Kriegspartei sie auch angehören.

Was Edith Cavell nicht weiß: In ihren letzten Stunden beginnt ein zähes Ringen um ihr Leben. Der amerikanische Gesandte Brand Whitlock, ihre Vertraute Elisabeth Wilkins und der Botschafter Spaniens unternehmen einen verzweifelten Rettungsversuch für „die Dienerin der Menschlichkeit". Der Amerikaner verfasst ein Gnadengesuch. Eine Stunde nachdem ihr Todesurteil gesprochen ist, macht sich Whitlock mit dem spanischen Botschafter und einem Anwalt auf den Weg ins deutsche Hauptquartier. Der deutsche Gouverneur aber sitzt im Theater. Nach der Vorstellung weigert er sich, das Gnadengesuch entgegenzunehmen. Morgen vielleicht. Morgen aber ist zu spät. Überhaupt, er sei nicht zuständig, das sei General von Sauberzweig. Traugott von Sauberzweig wird sich nach dem Ende des Krieges selbst „Mörder" nennen und sich das Leben nehmen, jetzt aber verbietet er die Verschiebung der Hinrichtung. Ein Stabsoffizier wirft ein, schade sei nur, dass sie nicht mehr alte Engländerinnen zum Erschießen hätten. Der spanische Botschafter bekniet den Gouverneur, den deutschen Kaiser anzurufen, der seine Truppen bei Brüssel besucht. Der Gouverneur lehnt aufgebracht ab. Die deutschen Offiziere feiern die Nacht durch bis zur bevorstehenden Hinrichtung im Morgengrauen. Um drei Uhr morgens verlassen Edith Cavells Schwestern die Klinik in der Rue de la Culture, um zum Gefängnis zu gehen, vor dem sie zwei Stunden im Regen warten, dann öffnet sich das Tor. Weitere zwei Stunden später ist Edith Cavell tot.

Nachspiel: Belgien. Zweiter Weltkrieg. Adolf Hitlers Wehrmacht besetzt Brüssel abermals. 300 Soldaten stürmen das Berkendael Krankenhaus, das unterdessen „Institut Cavell" heißt. Sie durchwühlen das Haus. Sie suchen einen belgischen Major. Der Offizier des Suchtrupps blafft die Oberschwester an, wo der Mann stecke. Sie antwortet, er habe sie vor einer Woche verlassen. „Wussten Sie nicht, dass er der Bruder eures Königs war?" „Ich habe den Major nicht nach seinem Namen gefragt."

Maria Sophia von Neapel, ehemals Marie von Wittelsbach, Porträtaufnahme, 1865

Die zürnende Adlerin

MARIE VON WITTELSBACH

München 1924, Ludwigstraße. Ein Steinwurf von der Feldherrnhalle entfernt, auf die im Jahr zuvor Adolf Hitler zumarschiert ist, um die Macht in Bayern an sich zu reißen. Er wird dafür in Haft genommen und schreibt in der Zelle „Mein Kampf“. Im November 1924 wird er freigelassen, und gleichfalls im November betritt ein junger Italiener eine kleine, bescheidene Wohnung in der Ludwigstraße, um eine dreiundachtzigjährige Dame zu besuchen, deren Erinnerungen er aufschreibt. Sie empfängt ihn ohne Schmuck, weißhaarig ist sie, aber sie steht noch immer kerzengerade und ihr Blick ist ungetrübt und stolz und schelmisch. Von ihrem Fenster aus hat sie vieles gesehen: die neumodischen Straßenbahnen, die immer zahlreicher werdenden Automobile, die Soldaten, die in die Gräben des Ersten Weltkriegs zogen und als zerschossene Krüppel heimkehrten, die Abdankung des bayerischen Königshauses, die Republik der Arbeiter und die Schießereien der Barrikadenkämpfe rechts gegen links. Sie lebt zurückgezogen, doch das Leben vor ihrem Fenster verfolgt sie hellwach. „Ich will sehen, ob wenigstens die heutigen Revolutionäre besser schießen als die zu meiner Zeit.“ Dies aber ist nicht mehr ihre Welt. „Ich bin sehr alt.“ Sie schmunzelt, als sie das sagt. Alle sind begraben, die sie liebte, und begraben ist auch ihre Welt, die unterging in den Stürmen der neuen Zeit. Tage davor hat sie in ihren wenigen alten Kisten zwei armselige Zeichnungen vom Vesuv hervorgekramt, die sie dem Besucher zeigt. Italien, das war ihr Land, doch das ist lange her. Sehr lange. Ein Menschenalter liegt zwischen der Bucht von Neapel und den Straßen von München, doch sie hat noch immer das Lachen des jungen Mädchens, das sie damals war: Marie von Wittelsbach.

Ein Lebensalter zuvor: 1860, Italien, südlich von Rom. Auf einem gewaltigen Felsensporn im Meer ragt die Festung von Gaeta über der Bucht, in der die *Messaggero* vor Anker geht. An Bord sind Franz II., König von Sizilien und Neapel, und seine Frau Marie Sophie Amalie von Wittelsbach, Tochter des bayerischen Herzogs Max, Lieblingsschwester der österreichischen Kaiserin Sisi. Sie sind auf der Flucht. Die Festung Gaeta soll sie schützen. Die bürgerlichen Revolutionäre Guiseppe Garibaldis, die „Rothemden“, sind angetreten, die alten Adelsherrschaften im zersplitterten Italien wegzufegen, um einen geeinigten Nationalstaat unter der Führung des Königshauses von Savoyen zu erzwingen. Norditalien, das zuvor von Österreich besetzt war, ist nahezu in der Hand der Savoyer. Die oberitalienischen Truppen hatten die kaiserlich-österreichische Armee bei Montebello und bei Magenta geschlagen, und am 24. Juni 1859 siegten sie in der Schlacht von Solferino. Der Schweizer Jean-Henri Dunant: „Die Sonne des 25. Juni beleuchtet eines der schrecklichsten Schauspiele, das sich erdenken lässt. Das Schlachtfeld ist allerorten bedeckt mit Leichen von Menschen und Pferden. In den Straßen, Gräben, Bächen, Gebüschen und Wiesen, überall liegen Tote.“ Nach der Schlacht werden Verwundete kaum versorgt. 8000 von ihnen liegen verletzt und verstümmelt in den Kirchen nahe am Gardasee. Dunant und die Frauen der Dörfer und Städtchen helfen so gut sie eben können. Sie achten nicht auf Freund oder Feind:

„Tutti fratelli“, „Alle sind Brüder“.

Es ist die Geburtsstunde des Roten Kreuzes. Nun hat Garibaldi die Schrecken des Krieges nach Süditalien getragen und das „Königreich beider Sizilien“ angegriffen, das auf wackligen Beinen steht. Als „Zug der Tausend“ wird die tollkühne Landung verklärt werden, denn mit nur zwei Schiffen waren sie gekommen. 1089 Mann. Einige tragen rote Hemden, die meisten aber Anzug und Zylinder. Anwälte sind sie, Ärzte, Studenten, einfache Leute und begeistert vom Gedanken an ein geeintes Italien, doch sie sind kaum bewaffnet. 200 Gewehre, das ist alles. Leichtes Spiel eigentlich für Franz II. In Neapel, der Hauptstadt des Königreichs auf dem Festland, drängt ihn Marie von Wittelsbach, die Revolutionäre an der Spitze seiner Truppen sofort anzugreifen, ehe sich ihnen die unzufriedenen sizilianischen Bürger anschließen. Noch sind sie schwach. Sie will mit ihm reiten, der König aber betet lieber und versenkt sich wie immer in Kirchenschriften. Er entsendet stattdessen einen greisen General. Er ist nicht eben der Fähigste – das Kommando steht ihm dennoch zu, weil er der älteste General ist. Er stellt die Eindringlinge mit Übermacht, zieht sich aber feige zurück, weil sie ihm entschlossen kampfesmutig begegnen. Die Bürger kämpfen für eine Idee, des Königs Truppen dagegen für einen morschen Hofstaat, der lieber tanzt und in die Messe geht. Die Königsarmee unterliegt rasch. Schlacht von Calatafimi, Gefecht bei Palermo, Sieg bei Milazzo – nach wenigen Monaten ist Sizilien an Garibaldi gefallen, der nun auf das Festland übersetzt. Der König flieht aus Neapel nach Gaeta. Sein gewaltiges Vermögen lässt er zurück, 66 Reliquien dagegen, eine Urne mit der Asche der heiligen Iasonia und Kirchenbilder nimmt er auf sein Fluchtschiff mit. Als der Kapitän der *Messaggero* danach der Flotte im Hafen von Neapel Signal gibt, dem König und der Königin zu folgen, lichten sie die Anker nicht. Nur ein Schiff begleitet sie. Die Flotte ist zu Garibaldi übergelaufen. Am 7. September 1860 macht die *Messaggero* in Gaeta fest. Der König denkt daran, abzudanken und die Festung kampflos preiszugeben, um ins Exil zu gehen. Die Königin nicht. Marie Sophie Amalie von Wittelsbach ist achtzehn Jahre alt und sie macht sich an die Verteidigung des Bollwerks.

1841 ist sie geboren, am 4. Oktober, aufgewachsen ist sie in Possenhofen am Starnberger See als fünftes von acht Kindern des Herzogs Max in Bayern. Sie gehören zum bayerischen Königshaus, aber sie sind die armen Verwandten unter den Wittelsbachern. „Herzog in Bayern“ ist nur ein Titel, und der Herzog selbst schert sich wenig um sein Ansehen am steifen Königshof. Sehr zum Bedauern seiner Frau Ludovika, einer Tochter des bayerischen Königs, deren Schwestern auf den Thronen Europas sitzen. „Meine Schwestern sind glänzend und unglücklich verheiratet. Ich bin lediglich unglücklich verheiratet.“ Sie stöhnt zu Recht. Ihr „Zithermaxl“ macht gern Musik mit seinen Bauern, noch lieber aber besucht er deren Töchter. „Der schöne Max“ ist ständig auf Reisen und er ist lebensfroh, und für die Kinder ist das ein Segen. Für den ältesten Bruder Ludwig

„Sisi", die spätere Kaiserin Elisabeth von Österreich zu Pferd vor Schloss Possenhofen, Aquarell von Lorenzo Quaglio, 1867

Wilhelm, genannt Louis, für die ältere Schwester Helene, genannt Nene, für Elisabeth, genannt Sisi, für den Bruder Karl Theodor, genannt Gackl, und für Marie, die wie Sisi ein Wildfang wird. Das Schloss am See mitsamt Pferden, Hunden und Hühnern, die Berge – eine unbeschwerte Kindheit. Ludovika sorgt für die übliche Erziehung höherer Töchter mit Klavier und Französisch, Max dagegen holt sie aus dem Unterricht, um ihnen die neuesten Reitkunststücke beizubringen. Marie und Sisi sind ausgezeichnete Reiterinnen, die nach einer geglückten Vorführung schon mal mit dem Hut herumgehen, um zu sammeln. Sisi ist zu Pferd unschlagbar, Marie aber im Schwimmen, Schießen und Fechten. Ihr Vater bringt ihnen das Rauchen bei und er nimmt ihnen die Scheu vor dem Volk. Er will, dass sie die Leute als ihresgleichen kennenlernen, und zögert zum Entsetzen der Mutter nicht, ihnen seine bürgerlichen Geliebten vorzustellen und sie mit seinen unehelichen Kindern spielen zu lassen. Sie tragen Tracht und schlingen sich munter die geflochtenen Zöpfe wie die Bauernmädchen um den Kopf. Die Jagden, das Rudern auf dem See, das Wandern am Berg – seine Mädchen sind gertenschlank und aufblühende Schönheiten. Zu Ludovikas Glück, denn die Töchter müssen unter die Haube, und für die Mutter heißt das: unter die Krone. Daran arbeitet sie zäh, und ihre Beharrlichkeit zahlt sich aus. Sisi macht als Kaiserin von Österreich die glänzendste Partie des Jahrhunderts, und bald ist auch für Marie ein Anwärter gefunden: Franz, der Thronfolger des sizilianischen Königreiches, zu dem die Insel Sizilien und ganz Süditalien mit der Hauptstadt Neapel gehören. Von Liebe ist keine Rede, dafür von Politik. Süditalien braucht Verbündete, um in der Einigungsbewegung Italiens nicht geschluckt zu werden. Die Lieblingsschwester der österreichischen Kaiserin kommt da gerade recht, denn noch hat Österreich in seinen oberitalienischen Ländern die Macht und die Armeen, die dem Palast in

Neapel fehlen. Geld und Industrie sitzen im Norden, der Süden Italiens muss mit kümmerlicher Landwirtschaft auskommen. Die Seuche des Südens aber sind Schmiergelder und Bestechung, die das Königreich lähmen. Die Steuern versickern in der Verwaltung, Posten und Pöstchen werden verschachert, die Gerichte urteilen zugunsten des Adels, Bürger und Volk haben zu zahlen, auf den Adelsgütern zu schuften oder im Heer zu dienen, sonst aber den Mund zu halten. Die standesstolze Ludovika ist dennoch entzückt ob des Antrags des Thronanwärters von Neapel, der bodenständige Max aber rät lebensklug ab. „Er ist ein Trottel." Doch Thron ist Thron.

Marie ist nur eine Schachfigur im politischen Spiel. Ihre Mitgift ist gering, doch ihre Schwester ist österreichische Kaiserin. Das allein ist wichtig.

Maries Eltern: Max Joseph und Ludovika in Bayern, zeitgenössischer Holzstich

Neapel setzt darauf, dass sie im drohenden Krieg Savoyen gegen Neapel Marie nicht im Stich lässt. Der Ehevertrag wird geschlossen, ihren Bräutigam jedoch lernt sie vorerst nicht kennen. Allein ein Medaillon wird ihr übergeben, das ihren Künftigen in schmucker Husarenuniform zeigt. Bei der Hochzeit in München ist er nicht dabei. Ein Vertreter Neapels nimmt die Braut am 8. Januar 1859 aus der Hand ihres älteren Bruders entgegen. Der Brautvater führt sie nicht zum Altar. Max wird für ungeeignet gehalten. Danach ihre Reise nach Süden, die zuerst über Wien zu ihrer Schwester Sisi führt, die ahnt, was auf Marie zukommt. „Es schien fast, als ob das Schicksal, eingedenk der traurigen Zukunft Maries, ihr einige Tage heiterer Unbeschwertheit gewähren wollte. Ich wusste sehr wohl, dass meine arme Schwester eine Schwiegermutter zu erwarten hatte, die der meinen um nichts nachstand." Der Kaisermutter ist Sisi ein Dorn im Auge, weil ihre Ungezwungenheit das strenge Hofprotokoll missachtet. Das wird auch Marie mit der Stiefmutter ihres Gatten bevorstehen. Klein ist sie, dick mit gewaltigem Busen, harte Augen, ein strenger Mund, doch besessen von ihrer Macht in Neapel. „Bestrafen, bestrafen" – das ist ihr Lieblingssatz. Kaum anders die eigentliche Mutter des Königs, die früh im Geruch der Heiligkeit gestorben war. „Eine schöne Frau, aber kalt, kalt." Streng glaubenshörig war sie, verhasst beim Volk und so ängstlich schamhaft, dass sie Neapels Theatertänzerinnen einst zwang, in keuschen Unterhosen aus schwarzer Seide aufzutreten, um nur ja kein Bein zu zeigen. Neapel wird nicht umsonst als Königreich zwischen Salzwasser und Weihwasser verspottet.

Von Wien aus begleitet Sisi ihre Schwester in den österreichischen Mittelmeerhafen Triest, um ihr bei der Übergabe an Neapel beizustehen. Am 1. Februar 1859 durchschneidet ein Kreidestrich auf dem Boden den Palastsaal in Triest, den die Abordnungen Bayerns und Neapels gleichzeitig aus gegenüberliegenden Türen betreten. Beglaubigungsschreiben werden ausgetauscht, die gegenseitigen Kratzfüße, Bücklinge, Komplimente der Herren aber ziehen sich schier endlos hin, bis Sisi und Marie ob der gespreizten Ziererereien in Lachen ausbrechen. Die Hofschranzen schweigen betreten, dann eine letzte Umarmung der Schwestern, und Marie verlässt den Saal durch die neapolitanische Tür, um an Bord einer Fregatte zu gehen. Sisi weiß, was Marie erwartet: „Als meine arme Schwester Franz zum ersten Mal sah, fiel sie fast in Ohnmacht." Kanonensalven, Glockenläuten, die blumengeschmückten Straßen des Hafens von Bari sind mit Flaggen übersät, als die *Fulminante* einläuft. Der Kronprinz harrt seiner Gemahlin, das Medaillon aber war gar zu geschönt. Dreiundzwanzig ist er, lang und gebeugt, gelbliches Gesicht, die Schultern hängend, leblose Augen, der Blick stets gesenkt, so gläubig erzogen im Sinne seiner Mutter, dass stets ein Mönch mit ihm in seiner Kammer schlief, steht er nun unter der Fuchtel seiner Stiefmutter. Marie ist heiter und fröhlich, er ist ein weichlicher Betbruder. Eine bittere Enttäuschung. Er fürchtet sich vor der Brautnacht. Das Bett war für ihn nur zum Schlafen da. Er weiß nicht, was zu tun ist. Als er Marie auf der Kaimauer begrüßt, kann er nur eingeschüchtert murmeln: „Mein Gott, wie schön sie ist, Gott, wie ist sie schön." Die Nacht kommt, und sie wartet auf ihn in ihrem Schlafzimmer, er indes kniet im Vorzimmer mit dem Rosenkranz auf dem Betschemel, bis er sich vor Aufregung übergibt, dann lässt er sie allein. Erst als er sicher ist, dass sie schläft, schleicht er sich auf Zehenspitzen zu ihr. Das wird sich lange nicht ändern.

Der König ist tot! Es lebe der König! Als Franz den Thron Neapels im Frühjahr 1859 besteigt, beginnt zugleich der Krieg im Norden. Österreich wird geschlagen, das so Süditalien nicht mehr beistehen kann. Die Rechnung der Heirat geht nicht auf, und auch im Haus Neapel bricht ein Krieg aus zwischen Marie und ihrer Schwiegermutter, der den zähen Scharmützeln der Kaiserin am Wiener Hof gleichkommt. Die Mutter des österreichischen Kaisers und die Stiefmutter des neapolitanischen Königs glauben, dass die angeheirateten Bayerinnen ihren Befehlen zu folgen haben. Sisi: Das Wiener Hofzeremoniell, auf das ihre Schwiegermutter peinlich genau achtet, gebietet, mit Handschuhen zu essen. Sisi erscheint absichtlich ohne. Sie wird aufgefordert, Handschuhe zu tragen. Sie lehnt ab. Trotz des vernichtenden Blicks seiner Mutter zieht Kaiser Franz Joseph seine Handschuhe aus, die Hoftafel folgt ihm. Sisi hat sich behauptet. Marie: In Neapel hat ihre Schwiegermutter verboten, Tiere in den Speisesaal zu lassen. Marie bringt eine riesige Neufundländerhündin zum Essen mit. Sie fragt König Franz, ob die Hündin hereinkommen darf.

Seine Mutter ist aufgebracht, er aber flüstert gesenkten Blickes: „Qui, ma cherie." Gewonnen. Sisi: Der gestrenge Hof schüttelt über die junge Kaiserin nur den Kopf, weil sie jeden Morgen in ihrem Ankleidezimmer an Ringen und Sprossenwand turnt, um schlank zu bleiben. Marie: Sie reitet täglich aus, und gegen alle Widerstände schwimmt sie im Meer. Öffentlich. Weit schlimmer noch für den Königshof: Sie springt von den Landungsstegen des Hafens ins Wasser. Der „Zompo", der Sprung der Königin, wird bei den Schaulustigen berühmt und macht sie beim Volk beliebt. Endlich eine Königin, die so ist wie sie. Doch Maries und Sisis Benehmen ist kein bloßes Aufbegehren kleiner Mädchen. Beider Ziel ist gleich: Sie drängen den Einfluss der Schwiegermütter zurück. Überschattet aber wird der Kleinkrieg in Neapel von den dunklen Wolken aus dem Norden. Der König sieht die Kriegsgefahr, doch sich ihr entgegenzustemmen vermag er nicht. Seine Krone ist ihm eine Last, seine wenigen klugen Berater werden von den Rückwärtsgewandten am Hof niedergestimmt, die nicht gewillt sind, der heraufdämmernden neuen Zeit mit einer neuen Politik zu begegnen. Beteiligung der Bürger an der Macht, Kampf gegen Bestechung, die Steuern des Volkes für das Volk verwenden, um mit dessen Hilfe das schwankende Königreich zu stützen – das wäre ein Weg. Der Weg des Hofes aber führt in den Ballsaal und der Weg des Königs in den Beichtstuhl. Mit verschlossenen Augen stolpern sie blind in ihren Sturz hinein. Galavorstellungen, Empfänge, Prachtmessen, Bälle – um sich zu betäuben, entfaltet der Hof von Neapel eine letzte schillernde Pracht vor dem Untergang.

1860: der Sommer der Angst. Garibaldi marschiert, Sizilien geht verloren, bald steht er an der Meerenge von Messina, um den Sprung aufs Festland zu wagen. Der König zögert und zaudert, entschieden gegen ihn anzutreten, obwohl ihn Marie bestürmt, sich an die Spitze seiner Truppen zu stellen, um die Gefahr für das Königreich abzuwenden. Zu spät. Die Berater des Königs suchen das Weite, Generäle laufen zu Garibaldi über, weil sie bestochen werden oder hoffen, ihren Rang auch unter seiner Herrschaft zu behalten. Die geschlagenen Königstruppen lösen sich auf, Neapel steht vor der Einnahme. Als die Stiefmutter des Königs aus der Stadt flieht, ist kein Halten mehr. Rette sich, wer kann. Franz und Marie bleiben zuerst standhaft, begeben sich dann aber mit der *Messaggero* in die Sicherheit von Gaeta, um nicht gefangen gesetzt zu werden. Dies aber ist die Stunde der Marie von Wittelsbach. Sie überzeugt ihn, in der Festung auszuharren. Und ihr gelingt noch mehr als das: Ihre Furchtlosigkeit steckt Franz an. Nur einen Schritt vor dem Abgrund schüttelt er seine Mutlosigkeit ab. Er sammelt königstreue Truppen, um zwischen Capua und Gaeta eine Verteidigungslinie zu errichten. 1. Oktober 1860: Schlacht am Volturno, einem Fluss nördlich von Neapel. Als seine Soldaten zurückweichen, reitet der König in die vordersten Linien, um bei ihnen zu sein. Seine Soldaten jubeln, als sie ihn sehen. Am Mittag wanken die Garibaldiner, die Schlacht aber tobt weiter, und als die Nacht hereinbricht, hat keiner gesiegt. Marie drängt darauf, am Morgen den Angriff wiederaufzunehmen, doch der Kriegsrat des Königs winkt ab, dafür seien die Verluste zu hoch

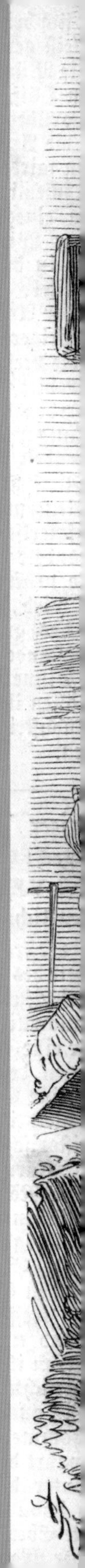

Maria Sophia in Landestracht während der Verteidigung der Festung Gaeta, zeitgenössischer Holzstich.

gewesen. Ein verhängnisvoller Fehler. Beinahe geschlagen, nutzt Garibaldi die Gunst. Er behauptet das Feld, und weil aus dem Norden savoyische Truppen heranrücken, sitzt der König in der Falle. Für zwei Fronten ist Neapel zu schwach. Das Vermögen, das der König auf den Banken Neapels zurückgelassen hat, fehlt nun als Sold, um noch rechtzeitig weitere Truppen anzuwerben. Ihm bleibt daher nur der Rückzug nach Gaeta, das zu Lande und zu Wasser eingeschlossen wird. Die Tapferkeit des Königs jedoch war nur ein Strohfeuer. Er versinkt in seine alte Schwermut, flüchtet sich wieder ins Gebet. Die Königin ist dennoch nicht bereit aufzugeben.

Mit 13 000 Mann ist Gaeta gut gerüstet, doch Marie weiß, dass weder Kanonen noch Pulver eine Festung halten, sondern der Wille der Soldaten, sie zu verteidigen. Doch wofür kämpfen? Einen König, der versagt? Ein Königreich, das untergeht? Nein. Marie gibt ihnen stattdessen das Gefühl, nicht für König, Reich oder Festung zu sterben, sondern sie, die Frau, die Königin zu beschützen, und sie spielt dafür aus, was sie hat: ihre Leutseligkeit, die ihr einst der „Zithermaxl“ beibrachte, ihre Fröhlichkeit, ihre Natürlichkeit, vor allem aber ihre hinreißende Schönheit. Sie legt ihre Prunkkleider ab und trägt stattdessen den Umhang kalabresischer Bauern und Stiefel, und als die Kämpfe aufflammen, eilt sie zu den Mauern, um ihren Männern Mut zu machen. Sie pflegt Verletzte, näht kleine Bändchen als Tapferkeitsabzeichen, die sie verteilt, hält Sterbende im Arm, sie zu trösten. Ohne Rücksicht auf sich selbst setzt sie sich dem Kanonenhagel aus. Mit dem Gewehr in der Hand steht sie auf den Bastionen. Schießen kann sie. Als der Befehlshaber der Blockadeflotte ihr ritterlich anbietet, sie möge eine große schwarze Fahne dort aufziehen, wo sie sich aufhalte, um nicht beschossen zu werden, antwortet sie ihm, sie habe nicht so viele Fahnen, denn sie sei überall dort, wo ihre Soldaten kämpfen. Aus Marie von Wittelsbach wird in den Tagen der Not die „zürnende Adlerin aus Bayern“. Zu Jahresende 1860 jedoch neigen sich die Vorräte, in der Festung geht Fieber um, der Geruch zu vieler verbrannter Toter verpestet die Luft, doch die Belagerten geben nicht auf, denn Marie von Wittelsbach stachelt weiter ihren Trotz an. Und die „Soldatenkönigin“ ist einfallsreich. Tag für Tag lässt sie die Militärkapelle antreten, die trotz Einschlägen und Explosionen Märsche schmettert, um den eigenen Soldaten und den Belagerern zu zeigen, dass der Verteidigungswille der Festung nicht zu brechen ist. Immer wieder gelingt ihr, die in der Festung aufkommende Verzweiflung in Spott für die Angreifer zu wandeln, um sie zu Fehlern zu reizen: Am 22. Januar 1861 steht die Königin auf den Wällen. Sie sieht die feindliche Flotte zum Großangriff herandampfen. Die Schiffskanonen indes feuern aus zu sicherer Entfernung. Sie liegen zu kurz, doch ein Wasserschwall überschüttet die Königin. Ihre Soldaten halten den Atem an, sie aber schüttelt sich nur. „Dies war die Siegestaufe!“ Begeistert von ihrer Königin, lassen die Männer die Hosen runter, um ihre blanken Hintern lachend dem Feind zu zeigen, und sie lacht mit. Ob des Hohns verliert einer der Kapitäne die Nerven und wagt sich zu nah an die Festungsbatterien. Sein Schiff wird zusammengeschossen, und so keimt die Hoffnung, die Belagerung tatsächlich zu überstehen, weil auch der gleichzeitige Landangriff abgeschlagen wird. Kaum vier Wochen später jedoch ist die Hoffnung tot. Am 13. Februar 1861 wird das größte Pulvermagazin der Festung getroffen. 18 Tonnen fliegen in die Luft. Neapels letztes Aufbäumen endet in beißendem Rauch, Trümmern und verstümmelten Toten. Nach einem halben Jahr des Kampfes muss die Festung kapitulieren, doch noch einmal zahlt sich der Mut der Königin aus. Weil er ihr die Achtung der Feinde einbrachte, wird der gesamten Garnison der ehrenvolle Abzug gewährt. Geleitet von Salutschüssen, geht das Königspaar in der Morgendämmerung des 14. Februar 1861 an Bord einer Fregatte, auf der die Fahne des Königshauses gehisst wird. Auf der Festung jedoch wird die Flagge des Königs eingeholt. Das Königreich Neapels und Siziliens besteht nicht mehr, doch anders als der König ist sie nicht bereit, den Anspruch auf ihr Reich aufzugeben.

Das päpstliche Rom hat dem allerchristlichen König Aufnahme gewährt. Für die Politik spielt er keine wirkliche Rolle mehr.

Sie hingegen, die „Heldin von Gaeta", beherrscht die italienischen und europäischen Schlagzeilen, und auch in Rom wird sie von Tag zu Tag beliebter.

Gaeta hat sie gelehrt, wie die Herzen zu gewinnen sind. Zumindest die der einfachen Leute. Sie schwimmt weiter im Meer, reitet in Männerkleidung aus mit flatterndem, langem Haar und sie raucht öffentlich Zigarillos wie ein Mann – neben der Königin, die mit ihren Soldaten kämpfte, verblasst sogar Garibaldis Ruhm, besonders als Sisi, ihre kaiserliche Schwester, sie in Rom besucht, um sie zu trösten. Beide zeigen sich in den Straßen der Stadt gleich angezogen und beide sind überaus schön. Die Bewunderung ist ihnen sicher. In Rom schart Marie zudem Anhänger der alten Adelshäuser um sich, und das macht sie gefährlich für die italienische Einigungsbewegung, die nicht nur Freunde hat. Marie wird zum Symbol des Widerstands gegen die Einigung Italiens unter dem Königshaus Savoyen, und bis an ihr Lebensende wird Marie die Feinde des neuen Italien unterstützen, wo immer sie kann. Die Krallen der Adlerin sind noch scharf, und so setzen ihre Feinde eine Verleumdung in Gang. Der Geheimdienst Savoyens bringt Fälschungen in Umlauf, für die er die unlängst erfundene Fotografie nutzt. Papst und Königshöfen werden Nacktaufnahmen Maries zugeschickt, die sich noch dazu unter einem Bild seiner Heiligkeit sehr eindeutig räkelt. Ein Skandal. Die römische Polizei ermittelt und sie bringt die Fälschung an den Tag. Die Aufnahmen zeigen eine Römerin, deren Gesicht der Kopf der Königin ersetzt. Eine schallende Ohrfeige für Savoyen, mit der „die Bayerin“ noch beliebter wird, und sie atmet erleichtert auf, denn ihr eigentliches Geheimnis bleibt verborgen.

Das Geheimnis hat einen Namen: Armand de Lawayss. Graf, Belgier, Offizier des Papstes, der ihn der Königin als Leibwache zuteilt. Er ist fünfundzwanzig, sie ist keine einundzwanzig, und der König wagt noch immer kaum, sie schüchtern zu berühren. Marie von Wittelsbach verliebt sich, die Liebe aber hat ihren Preis. Die Königin erwartet ein Kind. 1862 reist sie daher nach Possenhofen, um die Schwangerschaft vor neugierigen Augen zu verbergen. Herzog Max in Bayern nimmt das gelassen auf. „Mach dir nichts daraus. Das sind Dinge, die passieren.“ Sisi ist eingeweiht, und auch ihre bayerische Familie lässt sie nicht im Stich. Um der Königin nicht zu schaden, wird entschieden, sie bis zur Geburt im Ursulinenkloster von Augsburg zu verstecken. Der Untergang des Königreiches, die Schlacht um Gaeta – die Königin müsse sich erholen, wird verbreitet. Am 24. November 1862 bekommt sie in ihrer Klosterzelle ein Mädchen. Armand de Lawayss ist streng verboten, nach Bayern zu kommen, doch das kümmert ihn nicht. Im Winter schlägt er sich zu Fuß über die Alpen. Er verirrt sich, wandert Tage umher. Stets auf der Hut, versteckt er sich nachts in Weilern und Kirchen, ehe er abgerissen und ausgezehrt von einer Lungenentzündung stolpernd München erreicht. Umsonst. Er wird abgewiesen, und seine Lunge hat zu großen Schaden genommen, um in die Palastgarde des Papstes zurückzukehren. Er reist weiter nach Belgien. Ein einziger Brief ist alles, was er Marie schreiben darf. Wenige Jahre später wird er 1870 an der Schwindsucht sterben. Sein Trost in diesen Jahren: die Tochter. Sie wird ihm übergeben und trägt seinen Namen. Ein Jahr nach ihm stirbt auch sie.

Und Marie? Niedergeschlagen und schwermütig denkt sie daran, ihre Ehe aufzugeben. Sie weint sich die Augen aus, doch mit dem Geliebten und der Tochter zu leben, wird ihr verweigert. Zu unruhig sind die Zeiten, zu gärend das Volk, das von den Königshäusern seine Rechte einfordert. Nicht nur in Italien geht das Gespenst der Revolution um. Weder Österreich noch Bayern kann sich dem bürgerlichen Gelächter aussetzen, das einen weiteren Zacken aus den Kronen brechen könnte. Schweren Herzens stimmt Marie deshalb zu, nach Rom zurückzukehren. Ihre einzige Bedingung: zwei Briefe. Einen an Armand de Lawayss, um ihn mit eigener Hand zu bitten, aus

Zuflucht in Bayern: Schloss Garatshausen am Starnberger See

Ausbruch des Ersten Weltkriegs: Franz Ferdinand und seine Frau werden Opfer des Attentats in Sarajewo am 28. Juni 1914. Nachgezeichnete Fotografie, 1914

ihrem Leben zu gehen, den zweiten an ihren Gatten, um ihm die Wahrheit zu sagen, die er nicht kennt. Sie übergibt die Briefe Sisi, die beide Botschaften zustellen lässt. Die Antwort des abgedankten Königs ist kurz und knapp. Er schickt Marie ein Telegramm: „Erwarte dich." Er wird nie ein Wort über den Seitensprung verlieren. Er wahrt das Geheimnis bis in sein Grab, denn trotz allem: Er liebt seine Marie, und seine Großzügigkeit bringt sie nun doch einander näher.

Die Tage der Gefahr sind für beide nicht völlig vorbei. Ein allerletzter Kampf steht ihnen noch bevor. Der Süden ist an Norditalien angeschlossen, doch was für eine geeinte Nation fehlt, ist Mittelitalien. Die Rothemden wollen endlich auch die Länder des Papstes besetzen. Rom soll die Hauptstadt Italiens und der Kirchenstaat auf den Vatikan beschränkt werden. Im Herbst 1867 greifen sie an, und noch einmal reitet Marie von Wittelsbach in die Schlacht. Bei Mentana dringt sie bis in die vorderen Reihen vor, um abermals die Soldaten anzutreiben, Verwundete zu pflegen, Essen zu verteilen. Die Garibaldiner werden aufgehalten und der Papst zeichnet Marie mit einem Tapferkeitsorden aus, doch der Sieg ist trügerisch. Er ist nur eine Atempause von wenigen Jahren, die für Franz und Marie ein kurzes Glück bringen. Rom tuschelt längst über die seltsame Ehe der beiden, und Sisi schenkt ihnen ein gewaltiges Bett, um Franz daran zu erinnern, dass eine Ehe nicht nur aus Gebeten besteht. Am Weihnachtstag 1869 aber strafen sie die Spötter Lügen. Marie bringt seine Tochter zur Welt. Die Freude an Maria Christina Pia jedoch währt nicht. Ihre Erzieherin ordnet kalte Bäder an, um das Mädchen abzuhärten, und lässt das Kind in der Wintersonne trocknen. Drei Monate, dann ist die Tochter tot, und als wenig später Rom endgültig besetzt wird, sind die italienischen Tage der Marie von Wittelsbach vorbei.

Sie müssen das Land verlassen. Franz geht nach Schloss Garatshausen bei Possenhofen am Starnberger See, Marie reist nach Frankreich. Bei Paris baut sie eine erfolgreiche Pferdezucht auf. Pferde und Reiten – davon versteht sie viel. Der Tod aber bleibt ihr Begleiter. Über die Jahre wird sie alle im Grab sehen, die sie kannte. Der bayerische König Ludwig II. ertrinkt als Märchenkönig im Starnberger See. Franz stirbt 1894. Kaiserin Elisabeth von Österreich-Ungarn wird 1898 bei einem Attentat getötet. Das tödliche Attentat von Sarajevo auf den österreichischen Thronfolger Franz Ferdinand löst den Ersten Weltkrieg aus, in dem die Häuser Habsburg und Wittelsbach ihrem Ende entgegengehen. Marie selbst wird während des Krieges aus Frankreich ausgewiesen. Die Bayerin ist Deutsche und gehört damit zum Feind. Sie verliert alles. Völlig verarmt richtet ihr „Gackl", ihr Bruder Karl Theodor, der als Augenarzt in München arbeitet, jene Wohnung in der Ludwigstraße ein, von deren Fenster aus sie zusammen mit dem jungen Italiener auf die Straße blickt, der gekommen ist, um die Erinnerungen der Betagten aufzuschreiben. Sie zeigt ihm die beiden Zeichnungen des Vesuv. „Mein König hat sie gemalt. Nein, mein König war kein Trottel, wie man sagt." Als der junge Mann sie verlässt, schnürt ihm die Traurigkeit die Kehle zu. Wenige Wochen später ist Marie von Wittelsbach tot. Sie stirbt am 18. Januar 1925.

Ludwig XV., Pastell von Maurice-Quentin Delatour, 1748

Nach uns die Sintflut!

MADAME DE POMPADOUR

Die Marquise de Pompadour als Gärtnerin, Ölbild von Charles André van Loo, um 1760

Versailles bei Paris, 14. September 1745: Flüstern und Zischeln und das Brodeln der Gerüchte. Wird sie einen Fehler begehen? Wird die Königin sie abkanzeln? Seit Tagen schon drängeln sich die Höflinge im Schloss, um bei ihrem ersten öffentlichen Auftritt am Hof kein einziges Wort zu verpassen.

Wie wird sich die neue Geliebte des Königs halten, schon gar, weil sie eine Bürgerliche ist? Eine Geliebte, eine Mätresse zu haben, gehört beim Adel zum guten Ton, aber bürgerlich? Eine unerhörte Anmaßung.

Dass der König sie als Marquise de Pompadour adelte, um sie hoffähig zu machen, kümmert keinen. Ihre Feinde reiben sich bereits die Hände ob des Vergnügens, ihren Fall zu erleben. „Ich erfahre täglich, dass es keine schlechtere Gesellschaft gibt als die sogenannte gute", wird Madame de Pompadour später schreiben. Als sie kommt und sich ihren Weg zu den Gemächern des Königs bahnt, ist das ein wahrer Spießrutenlauf durch das Spalier der dünkelnden Schranzen. Naserümpfende Adelsdamen des Hofes hatten sich geweigert, sie dem König förmlich vorzustellen. Das aber ist unverzichtbar, um bei Hofe zugelassen zu werden. Erst die Börse des Königs hat die Princesse de Conty überzeugt, die sie nun begleitet. Das Hofzeremoniell verlangt das Schauspiel. Wird sie ihm nicht vor aller Augen vorgestellt, darf er sie nicht kennen. Die Herren in Kniehosen, Seidenstrümpfen, Schnallenschuhen, die Gesichter gepudert wie die der Damen mit ihren Schleppen, den turmhohen Perücken, eng eingeschnürt in ihre atemraubenden Mieder unter den ausladenenden Reifröcken, in denen stolperfrei zu gehen eine Kunst ist. Doch sie meistert die Verbeugung vor dem König fehlerlos. Sie gibt sich heiter gelöst, er aber fühlt sich sichtlich unwohl. Er murmelt nur verlegen vor sich hin, ehe er sie mit einem kurzen Nicken entlässt. Was aber wird die Königin sagen? Die Spannung steigt. Wird sie die ungeliebte Gespielin des Königs barsch zurückweisen wie erwartet? Die Überraschung ist groß, als die Königin freundlich mit ihr spricht. Der staunende Hof zählt zwölf Sätze, und das ist weit mehr Ehre als nötig. Sie hat erreicht, was keiner ihr zutraute: Vierundzwanzig Jahre ist sie alt und sie ist vor aller Augen als Geliebte des Königs anerkannt.

Des Königs Kurtisane ist keine Königin, aber eine Herrscherin: Jeanne-Antoinette Poisson, Madame Le Normant d'Etoilles, Marquise de Pompadour, Duchesse de Menars, Frankreich,

1721 bis 1764. Dame, Markgräfin, Herzogin: Anfangs ist sie nur „un morceau de roi", ein Bissen für den König. Der König ist Ludwig XV., und die kleine Poisson ein Leckerbissen, der ihm wohlzubereitet gereicht wird. Ihr Weg nach Versailles war lang, denn das Schloss ist eine Welt für sich. „L'état ce moi", „Der Staat bin ich", hatte Ludwig XIV. einst gesagt, „le roi soleil", der Sonnenkönig, den der Hochadel Frankreichs in Versailles umkreiste, und das nimmt auch Ludwig XV. für sich in Anspruch. Das Hofleben ist bis ins Kleinste streng geordnet. Wer an den Vergnügungen des Königs teilnehmen darf, wer an die Hoftafel gerufen wird, wer wo an ihr sitzt, das alles hat seine Bedeutung und entscheidet über Macht und Ansehen. Gunstbeweise des Königs sind hochbegehrt, und um sie zu erlangen, herrscht ein ständiges Hauen und Stechen im Klatsch und Tratsch der Intrigen. Jeder beäugt jeden misstrauisch und eifersüchtig. Allein schon das Erwachen und Schlafengehen des Königs, das „lever" und das „coucher", sind heiß begehrt. Wer dabei ist, während der König noch im Bett liegt, hat hohen Rang. Höher aber steht, wer zusehen darf, wie der König das Nachthemd ablegt und sich mit Hemd und Wams, Rock, Schnallenschuhen und Degen ankleiden lässt. Sich zu waschen, ist verpönt. Das Wort des Königs ist Gesetz. Ohne seine Erlaubnis darf niemand den Hof verlassen, heiraten oder zur Armee gehen, und am Hof leben darf nur, wer ihm offiziell vorgestellt wird. Eine freundliche Bemerkung des Königs: Aufstieg. Eine Spitze von ihm: Niedergang. Das ist die Welt, in die Jeanne-Antoinette Poisson von früh an zu gelangen sucht.

Ihr Vater, François Poisson, stammt aus einer Tagelöhnerfamilie. Er war Kutscher, ging zum Militär und lernte rasch, dass der Einsatz bei der Heeresversorgung nicht nur sicherer als die Front, sondern vor allem weit einträglicher ist. Er machte seinen Schnitt. Danach wechselte er ins Bankgeschäft, wurde überaus reich, musste jedoch nach einer Anklage wegen Unterschlagung über die Grenze fliehen, um nicht verhaftet zu werden. Nach fast zehn Jahren erst konnte er wieder nach Frankreich einreisen, um erneut ein Vermögen zu machen. Ihre Mutter, Louise-Madelaine de la Motte, ließ er zurück. Sie kam aus einer Metzgerfamilie, die gleichfalls mit Heereslieferungen reich wurde. Eine wahre Schönheit war sie. Als sie heirateten, hatte sie einen Schock Liebhaber aus dem Hochadel hinter sich, die sie auch danach nicht alle aufgab. Jeanne-Antoinette Poisson hielt ihr Vater dennoch immer für sein eigenes Kind. Er war in sie vernarrt, und noch vor seiner Flucht schickte er sie ins Kloster, um ihr die denkbar beste Erziehung mitzugeben. Ihr größter Trumpf aber wird ihre Schönheit sein.

„Ich glaube, dass Gottes Größe in einem schönen Gesicht glanzvoller strahlt als in den Gehirnwindungen Newtons." Tanz, Musik, Bildung, vollendetes Benehmen: Als sie mit fünfzehn Jahren das Kloster verlässt, ist sie vorbereitet. Der rohe Diamant muss nur noch geschliffen werden, um von der bürgerlichen in die adelige Gesellschaft aufzusteigen. Die Poissons sind vermögend, und so werden die besten Lehrer für sie angestellt. Gesang, Haltung, Schauspiel, besonders aber Sprache wird ihr beigebracht, denn die Kunst der scheinbar mühelos hingeworfenen, geistreich geschliffenen Sätze öffnet ihr die Türen der Pariser Adelssalons. Geist kenne kein Geschlecht, sagt die kleine Poisson, und geistreich ist sie: „Um Gutes zu tun, muss man Verstand haben; die Tollpatsche sind dessen nicht fähig." – „Er hat einen schönen Kopf, aber es ist nichts darin." – „Besuchen Sie mich morgen: Ich habe Ihnen eine Menge mitzuteilen und noch viel mehr zu verbergen." – „Anscheinend haben wir zwei Seelen: eine, um das Gute zu loben; und eine andere, um das Böse zu tun." – „Wenn Sie vollendete Bekanntschaften wollen, so suchen Sie sie unter den Engeln."

Was sie zum Geist noch braucht, um ihren Bürgerstand zu verlassen, ist ein Gatte, um die nächste Sprosse zu nehmen. Geld ebnet ihr den Weg zur Heirat. Die Wahl fällt auf Charles-Guillaume Le Normant d'Etoilles. Zwar ist er weder von Geblütsadel noch eben gut aussehend, aber immerhin von Amtsadel mitsamt eigenem Schloss nahe der königlichen Jagd Sénart bei Paris. Sie werde ihn nie verlassen, sagt sie, außer für den König. Das aber nimmt er schmunzelnd, denn die Gefahr besteht nicht. Wertvolle Kleider, kostbarer Schmuck, ein Stadtpalais in Paris: Ihre Aussteuer ist üppig. Ihren Namen Poisson, Fisch, ist sie zu ihrem Glück jetzt los. Als Madame d'Etoilles führt sie ein großes Haus mit Einladungen, Bällen, Festen, und sie ist bei den Pariser Abendgesellschaften gern gesehen, denn ihr funkensprühender Geist ist so gefragt wie ihr Aussehen. Eine Frau, die jeder Mann gern zur Mätresse gehabt hätte, erinnert sich der Höfling Dufort de Cheverny.

Herrlich gewachsen, Augen voll Glanz und Feuer, wunderschön: Das will sie einsetzen; d'Etoilles soll nur die erste Stufe der Leiter sein, die sie ehrgeizig erklettern will. Dass sie schon als Kind „Reinette" gerufen wurde, „kleine Königin", klingt ihr noch immer in den Ohren. Doch um Königin zu sein, fehlt ihr der König. Aber ihre Zeit kommt, als dessen Geliebte, die Duchesse de Châteauroux, stirbt.

1744, Wald von Sénart, nahe dem Schloss der d'Etoilles. Der König ist zur Jagd. Um aufzufallen, begegnet sie ihm, selbstverständlich zufällig. Für die erste Begegnung trägt sie ein blaues Kleid und fährt in einer rosa Kutsche, für die zweite fährt sie eine blaue Kutsche und trägt ein rosa Kleid. Das bemerkt nicht nur der König. Die Duchesse de Châteauroux lässt ihr bestellen, sie werde keine weitere Annäherung dulden, wenige Wochen später aber ist sie tot und der Anfang gemacht. Nach der Trauer des Königs wird Madame d'Etoilles bei einem Maskenball eingeschmuggelt und sie spielt ihre Karten aus.

Natürlich fällt die Schönheit auf, und tatsächlich: Ludwig XV. spricht mit ihr. Danach werden die Besuche bei ihm häufiger. Vorwände sind schnell gefunden. Ungewöhnlich ist das nicht. Schon viele gingen durch des Königs Bett. Das große Tuscheln aber kommt, als er sie zu einem Essen an die Hoftafel bittet. Er ist verheiratet, sie ist verheiratet, das aber stört nur die Kirchengläubigen bei Hof. Dass sie indes eine gebürtige Bürgerliche ist, stellt die Adelswelt von Versailles auf den Kopf, und als ihr Gemächer im Schloss zugewiesen werden, die mit denen des Königs

Karnevals-Ball in Versailles
1763, Kupferstich von
François-Nicolas Martinet

verbunden sind, wird ihr die Ehre geneidet. Der König aber ist verliebt. Er schreibt ihr Brief auf Brief, stiehlt sich aus den königlichen Sitzungen fort, um zu ihr zu eilen, und isst mit ihr zu Abend allein oder in kleinem Kreis. Getrunken wird Champagner, denn, so Madame: „Champagner ist der einzige Wein, der eine Frau noch schöner macht, nachdem sie ihn getrunken hat." Als ihr abwesender Gatte von all dem erfährt, fällt er in Ohnmacht. Im ersten Zorn begehrt er auf, doch er wird rasch überzeugt, lieber stillzuhalten. Nicht zu seinem Schaden. Ein guter Posten weit vom Hof auf dem Land wird ihm zugeschanzt und die Trennung von Tisch und Bett vereinbart. Schloss d'Etoilles wird ihr zugeschlagen. Monsieur und Madame werden sich nie wieder sehen.

Geliebte des Königs zu werden, ist schwer,
seine Geliebte zu bleiben, ist weitaus schwerer,

denn bald schon rotten sich ihre Gegner zusammen, und sie gibt ihnen zeitlebens gute Gründe, ihr feindlich zu sein, denn sie fördert die neuen Gedanken des erstarkenden Bürgertums. Der französische König ist König von Gottes Gnaden. Er ist Beschützer der Kirche und Wahrer des Glaubens, und Sinnbild der Herrschaft des Gottesgnadentums ist das Schloss von Versailles, das zum Vorbild wurde. Der Schlossbau, Mode, Tanz, Musik, verschwenderische Feste – jeder noch so unbedeutende Fürst Europas ahmte das Leben in Versailles nach, ob nun Geld da war oder nicht. Das Volk hatte dafür geradezustehen und ansonsten zu schweigen, doch Frankreichs gelehrte Bürger begannen sich zu wehren. Ein offener Angriff war allerdings nicht möglich. Die Armee, Spitzel, Steuereintreiber – Hochadel und König waren zu stark. Aufstände wurden erbarmungslos niedergeschlagen, der Kerker drohte bei geringsten Verfehlungen. Weil aber das Wort mächtiger ist als das Schwert, wählten fortschrittliche, bürgerliche Gelehrte eine schlaue Waffe. Sie weigerten sich, den christlichen Glauben noch länger als einzige Richtschnur des menschlichen Handelns anzuerkennen. Bildung, Verstand, Wissen und Vernunft standen für sie über dem Glauben. Es war die Geburtsstunde der Aufklärung, die Licht ins Dunkel von Glaube und Aberglaube brachte. Die Vernunft weichte den sturen Glauben auf. Nicht mehr er allein zählte, sondern was der Verstand als richtig anerkennt. Damit der Mensch jedoch die Wahrheit erkennen kann, muss er mit Wissen und Bildung aufgeklärt werden – das ist ihre Forderung. Aufgeklärt zu denken aber bedeutet, bürgerlich zu denken, und Madame d'Etoilles ist eine Bürgerliche. Ihr Leben lang wird sie Denker der Aufklärung wie Voltaire unterstützen so gut sie kann. Den Glauben verachtet sie nicht, die Kirche aber ist ihr verdächtig. „Der christliche Glaube ist wahr, heilig und tröstlich; es geht nicht darum, ihn zu vernichten, sondern die Missbräuche zu beseitigen: Kappen Sie die unnützen Äste, aber fällen Sie nicht den Baum." Sie verabscheut Priester, fürchtet das Höllenfeuer nicht und setzt sich für die Abschaffung der Pfarrer und der Beichte ein. Frömmigkeit nennt sie das Gebrechen kleiner Seelen. „Glaube ist gut; nur seine Diener sind oft von Übel." Das ist zu viel für die kirchengläubigen Höflinge. Um die Pompadour zu stürzen, scharen sich ihre Feinde am Hof daher um die gottesfürchtige Königin und deren Sohn, den Thronfolger, der sie „mama putain" nennt, Mama Hure. Ihren Gegnern gegenüber hat die Marquise de Pompadour aber einen entscheidenden Vorteil: ihre Nähe zum König. Und der steht zu ihr. Eine Aufforderung, sie vom Hof zu entfernen, quittiert er mit der Empfehlung:

„Mein Freund, lassen Sie einen Aderlass vornehmen und Ihr Hirn zurechtrücken."

„Ich finde hier nur falsche Freude, falsche Vergnügungen und falsche Freunde, die mich im Umarmen umzubringen versuchen." Die Widersacher ziehen dennoch weiter an allen Fäden. „Poissonades", Spottgedichte auf sie gehen um, hinter vorgehaltener Hand wird über sie gewitzelt, ständig werden dem König neue Schönheiten zugeführt, um ihn abspenstig zu machen. Ihre Gemächer, die sie elegant, aber verschwenderisch ausstattet, ihre Juwelen, ihre Kleider, ihr Unterhalt aus des Königs Schatulle: Sie sei teurer als ein Krieg, wird gemunkelt. Selbst der Kronrat des Königs beargwöhnt sie, denn der König fragt sie vor wichtigen Entscheidungen um Rat. Doch sie weiß sich zu wehren. Geistreiches Auftreten wie die Heiterkeit, mit der sie die Verleumdungen überhört, verschaffen ihr Verbündete, und einen zwingenden Schlag führt sie, indem sie die vom König vernachlässigte

Herrscherin für sich gewinnt. Sie begegnet ihr voller Ehrerbietung und überzeugt Ludwig XV., die Königin nicht mehr länger wie Luft zu behandeln. Damit gewinnt sie deren Achtung.

Ihr geschicktes Vorgehen hat den Respekt des Königs, denn sie versteht sich nicht nur auf das Hofleben: In vier Jahren schenkt ihr der König vier Schlösser, weitere kauft sie später selbst. Das Schloss von Crézy, Bellevue nahe Paris, das Landhaus La Celle, ein Stadtpalais an den Champs-Élysées, das sie zum Élysée-Palast formt. „Man spottet immer über die Bauwut: Ich für meine Person kann diese angebliche Torheit nur billigen, die so vielen Armen Brot schafft. Mir macht es keinen Spaß, das Geld in meinem Kasten anzuschauen, ich bringe es lieber in Umlauf." Sie baut alle ihre Besitzungen um, und das mit höchster Eleganz. Möbel, Stuck, Zierrat, Tapeten – sie löst in ihren Schlössern die Schwere des Barock durch das Schweben des Rokoko auf, dessen Name sich aus französisch „rocaille", Stein, und „coquilles", Muschel, zusammensetzt, dem bevorzugten Schmuckwerk der Bauten. Verschwendungssucht? Im Gegenteil: Sinn und Verstand, denn ihr Geschmack wird wegweisend. Weil der Adel ihrem Prunk nicht nachstehen will, vergibt auch er Bauaufträge, und so bringt die Pompadour Frankreichs Bauwirtschaft in Schwung. Die Armen finden Arbeit, die Handwerker, die Bauleute. Und Einfälle hat sie genug, um ihrem Land zu dienen: Weil sie feines, durchscheinendes Porzellan liebt, das teuer nach Frankreich eingeführt werden muss, eröffnet sie auf ihrem Gut Sèvre eine Porzellanfabrik, und alljährlich veranstaltet sie in Versailles einen Markt für das Geschirr, bei dem der König selbst den Verkäufer gibt. Das kurbelt den Handel nicht nur in Frankreich an, denn der französische Hof ist das Vorbild für alle Königshäuser. Weil sie glaubt, der verweichlichte Hochadel tauge nicht mehr, das Heer schlagkräftig zu führen, gründet sie eine Militärschule, an der jährlich fünfhundert mittellose Adelssöhne ausgebildet werden sollen. Eintrittsalter acht Jahre. Einer der Schüler der École Militaire wird der Korse Napoleone Buonaparte sein.

Und der König? Er achtet sie für ihre klugen Entscheidungen, und er ist nicht allein von ihren Reizen begeistert, denn sie bietet ihm Vergnügungen, die ihn vom langweiligen Staatsalltag ablenken. Abendessen in kleiner Gesellschaft, das sie von den besten Köchen zubereiten lässt, oder ihr Laientheater, das in Versailles die barocken Tragödien und italienischen Opern durch französische Musik, die Lustspiele Molières und Stücke des Aufklärers Jean-Jacques Rousseau ersetzt: Der König ist entzückt, und zugleich reißen sich Herzöge und Gräfinnen darum, mitzuspielen oder zu den intimen Essen geladen zu werden, die ihr damit freilich Gefallen schulden, die sie nutzt, um ihren Anhängern einflussreiche Ämter zu verschaffen. So spinnt sie ein kluges Netz, das sie gegen ihre Feinde sichert, die sie schlau zurückdrängt. Nur einer von vielen Hieben, die sie gegen ihren größten Feind, die Kirchenhörigen, austeilt: Die französischen Aufklärer Denis Diderot und Jean-Baptiste le Rond d'Alembert hatten federführend versucht, das gesamte Wissen ihrer Zeit ohne Rücksicht auf Vorurteile oder Glaubensregeln in ein allen verständliches Wörterbuch zu gießen. Der König aber hatte die Bände verboten. Bildung für das Volk sei gegen die gottgewollte

Die Herausgeber der berühmten „Encyclopédie ou Dictionnaire raisonné des sciences, des arts et des métiers“: Jean-Baptiste le Rond d'Alembert und Denis Diderot

Ordnung. Um Hilfe zu leisten, führt die Marquise de Pompadour bei einem Abendessen ein zuvor gekonnt abgekartetes Gespräch. Ein Herzog fragt, woraus das Schießpulver bestehe, das sie Stunden zuvor bei der Jagd nutzten. Keine Antwort. Sie nimmt den Ball auf, fragt, woraus eigentlich das Rouge gemacht wird, das sie täglich trägt. Schweigen. Der Duc de Valliers wirft ein, die Antworten würden sich gewiss im Nachschlagewerk der Aufklärer finden, doch das habe seine Majestät ja leider verbieten lassen. Immer mehr Fragen schwirren durch den Raum, bis der König die Bände aus seiner eigenen Bücherei herbeischaffen lässt. Den ganzen Abend hindurch wälzen sie vergnüglich die Bücher. Gewonnen. Verbot aufgehoben.

„Ach, das Schicksal der Frauen! Sie leben, das heißt, sie gefallen höchstens fünfzehn Jahre lang: Welche Mühe, schön zu sein.“ Madame de Pompadour heitert den König auf, sie singt für ihn, hat immer eine schlagfertige Bemerkung auf der Zunge, liefert ihm unermüdlich Zerstreuungen. Er hingegen schätzt sie zudem für ihren Rat, weil sie kein Blatt vor den Mund nimmt. Jeden Tag verbringt er Stunden mit ihr, und er liebt sie; aber sie weiß auch: Die Fehlgeburten, die sie hat, setzen ihr zu. Sie ist schön, nur wie lange noch, bis der König ihres Reizes überdrüssig wird und sie für neue Geliebte aussondert? Doch sie sorgt vor. Nicht der König wird seine Liebschaften wählen, sie wird das tun. Im Park von Versailles liegt der Parc-aux-Cerf, der Hirschpark, ein einstiges Jagdwildgehege, auf dem ein verstecktes Schlösschen errichtet worden war. Dort bringt sie junge, frische Mädchen unter, die dem König zu Willen sind, bis sie ausgetauscht werden. Danach werden sie auf Kronkosten verheiratet und für ihre Kinder wird gesorgt. Die Mädchen sind zu unbedeutend, als dass sie eine Gefahr für die Marquise wären. Das ist der Plan und er geht auf.

Die meisten der Gespielinnen bleiben nur kurz, allein die sechzehnjährige Irin Marie-Louise O'Murphy, eine allseits bewunderte Schönheit, bleibt fast zwei Jahre, bis sie einem Armeeoffizier gegeben wird. Er stirbt bald und sie erheiratet sich in drei Ehen ein Vermögen. Ihr Sohn dient unter Napoleon, sie selbst wird noch Beethoven erleben und die ersten Dampfschiffe sehen, ehe sie achtzigjährig stirbt. Für die Marquise de Pompadour jedoch war auch sie keine Bedrohung. Schwieriger zu handhaben bleiben indes ihre Feinde bei Hof, deren schlimmste sie dennoch ausschaltet, denn sie hat nach wie vor des Königs Ohr, und bald werden Anliegen an den König daher zuerst der Marquise de Pompadour vorgetragen, um mit ihrem Einfluss beim König erfolgreich zu sein. Sie empfängt sitzend, selbst Herzöge müssen vor der einstigen Bürgerin stehen. Eine Demütigung für die adeligen Bittsteller. Was sie für richtig hält, schlägt sie dem König vor, der ihr meist zustimmt. Wer sie überzeugt, hat so gut wie gewonnen, wer ihr behilflich ist, den hievt sie in Ämter, wer ihr im Weg steht, den vernichtet sie. Morddrohungen, Spott und Missgunst – Tag für Tag muss sie trotzdem um ihre Stellung kämpfen, doch ihr gelingt der Rollentausch von der Geliebten zur Freundin des Königs, weil er nicht auf sie verzichten will, und erst recht nicht in Zeiten des Krieges.

Sie entlastet den König, für den sie aus dem Tagesgeschäft des Staates kaum mehr wegzudenken ist, und das weiß auch der österreichische Staatskanzler Wenzel Anton Graf Kaunitz, der ein ausgekochter Fuchs ist, dem die Listen nie ausgehen. Als er stirbt, wird sich Fürst Metternich fragen, was Kaunitz mit seinem Tod bezwecke. Kaunitz schickt den österreichischen Botschafter zu Madame de Pompadour, um über sie beim König für ein Bündnisabkommen mit Österreich zu werben. Ein kühner Gedanke, denn die beiden Großmächte Frankreich und Österreich sind im Kampf um die Vorherrschaft in Europa seit Jahrhunderten Erzfeinde. Das französische Königshaus steht daher auf der Seite Preußens, als Friedrich der Große Österreich angreift, um der österreichischen Kaiserin Maria Theresia das reiche Schlesien zu entreißen. Österreich hingegen unterstützt England, das mit Frankreich um die Überseekolonien in Nordamerika und im Indischen Ozean kämpft. Als Preußen jedoch von Österreichs geheimen Bündnisabsichten erfährt, nähert sich der preußische König im Gegenzug England an, um nicht alleinzustehen, und 1756 schließen England und Preußen tatsächlich einen Pakt. Um dem neuen englisch-preußischen Bündnis standzuhalten, überzeugt Madame de Pompadour ihren König vom „renversement des alliances", von der Umkehrung der Bündnisse: Frankreich zieht gegen Preußen ins Feld. Ein verhängnisvoller Fehler. Die französische Armee ist schlecht ausgerüstet und ihre veraltete Kriegsführung ist den gut gedrillten Preußen weit unterlegen. Schlacht von Roßbach 1757: Die französische Armee hat über zehntausend Gefallene und Gefangene, Preußen verliert kaum hundert Mann. Madame de Pompadour:

Robert François Damiens, der Attentäter gegen König Ludwig XV. von Frankreich am 5. Januar 1757 in Versailles, Kupferstich

„Après nous le déluge“, „Nach uns die Sintflut“. „Pfui! Ich erröte, wenn ich sehe, dass Sie weniger Mut haben als ich“,

beschimpft sie die Generäle und drängt darauf, alles auf eine Karte zu setzen und abermals anzugreifen. Die französische Armee aber ist am Ende. Die Schuld daran wird ihr gegeben. Sie hat das Bündnis mit dem alten Feind Österreich eingefädelt, das den meisten Franzosen ein Dorn im Auge ist, weil sie für den Krieg nicht nur auf dem Schlachtfeld bluten müssen. Die Abgaben, die Steuern, die Söhne für die Armee: Das Volk rumort. Und einer aus dem Volk schlägt zu.

In Versailles will der König seine Kutsche besteigen. Ein Mann drängt sich an den Höflingen vorbei zum König, der einen Schlag auf die Schulter spürt. Der König glaubt, eine Faust habe ihn getroffen, doch als er nach dem Schulterblatt tastet, hat er Blut an der Hand. Robert-François Damiens hat ihn mit einem Messer verletzt. Er wird verhaftet. Wochen später wird zur Abschreckung für das Volk seine Hinrichtung zum gruseligen Schauspiel werden. Sie dauert Stunden. Zu grauenhaft, um sie zu schildern. Dem König schwinden nach dem Anschlag die Sinne, die Wunde blutet heftig, aber sie ist nicht tief. Doch ob sich die Wunde noch entzünden und er nicht überleben wird, ist ungewiss. Tagelang brütet der König schwermütig in seinen Gemächern. Einer aus seinem Volk hat ihn, den geheiligten König, angegriffen, der glaubte, sein Volk liebe ihn. Die Marquise de Pompadour wird nicht zu ihm vorgelassen. Nur die Familie, Priester, höchste Staatsvertreter dürfen bei einem sterbenden König sein. Sie ist nichts davon. Seine Ratgeber drängen den König, aus ihr das Bauernopfer zu machen, um das Volk zu beruhigen, denn seine Geliebte ist nicht nur wegen des Bündnisses mit Österreich bei den Franzosen verhasst. Sie gilt als Sinnbild für die Verschwendungen des Hofes, der in Saus und Braus lebt, während die Dörfer hungern. „Jeder trägt dazu bei, mir das Leben zu verbittern. Man legt mir das allgemeine Elend zur Last, die verkehrten Pläne des Kabinetts, den Misserfolg des Krieges und die Triumphe unserer Feinde. Man klagt mich an, dass ich alles verkaufte, in allem meine Hand hätte, alles beherrschte." Die Stunde des Thronfolgers ist gekommen, der für den verletzten König die Staatsgeschäfte übernimmt. Er fordert „mama putain" auf, Versailles zu verlassen. Sie werde gehen, teilt sie kaltblütig mit, doch erst nachdem ein Haftbefehl gegen sie ausgestellt wird. Das aber wagt keiner. Als der König nach Tagen das Bett verlässt, sucht er im Schock des Attentats ihre Nähe. Sie hat ihre Stellung gerettet, und der König wird sein Volk künftig verachten, das sich gegen ihn gewandt hat. Er lässt um Paris eine Umgehungsstraße bauen, damit er die Stadt nicht mehr betreten muss.

Sechsunddreißig Jahre ist sie erst alt, doch die ständigen Kämpfe bei Hof, der Anschlag auf den König, die Tage der Ungewissheit hinterlassen ihre Spuren. Die Leichtigkeit ihrer Bewegungen ist Schwerfälligkeit gewichen, ihre Haut ist gelblich, sie ist abgemagert. Und auch der Glanz von Versailles verblasst. Als der Siebenjährige Krieg gegen Preußen und England 1763 endet, steht Frankreich verschuldet und ausgeblutet am Abgrund. Der Hunger geht um, und nur fünfundzwanzig Jahre später wird Frankreichs Adel untergehen, und der Nachfolger des Königs, Ludwig XVI., wird in der Französischen Revolution, die als Hungeraufstand begann, seinen Kopf unter die Guillotine legen. Das aber wird Madame de Pompadour nicht mehr erleben. Im Jahr nach dem Friedensschluss von 1763 leidet sie an einer fiebrigen Erkältung, die sich zu einer Lungenentzündung auswächst. Sie bekommt kaum noch Luft, schläft daher zur Erleichterung im Sitzen. Sie will das Schloss verlassen und in ihr Pariser Palais ziehen, denn nach den Hofvorschriften ist nur der Königsfamilie das Sterben in Versailles gestattet. Das aber verbietet der König, der sie am 14. April 1764 besucht. Sie sprechen lange miteinander. Er schickt ihr einen Priester. Als der sie verlässt, ruft sie dem Priester nach, er solle einen Augenblick warten, dann werde sie mit ihm gehen, und noch bevor der Abend kommt, ist Jeanne-Antoinette de Pompadour tot. Fast zwanzig Jahre hat sie an der Seite des Königs gelebt. Nun wird sie nackt auf eine Bahre gelegt und nur bedeckt von einem schmutzigen Laken aus dem Schloss gebracht. Eine Regennacht. Der Sturm peitscht gegen die Fenster, der König tritt dennoch auf den Balkon, um zuzusehen. „Die Marquise hat schlechtes Wetter für ihre letzte Reise." Das ist die einzige Ehre, die er ihr erweist.

Exzentrik und Glamour der Goldenen Zwanziger: Josephine Baker

Ich tue, was mir passt!

JOSEPHINE BAKER

München, Februar 1929. Die Polizei verbietet ihren Auftritt. Begründung: „Verletzung des öffentlichen Anstands". München war als Teil ihrer Tournee durch Europa gedacht, die in Wien starten sollte, doch auch dort hatte ihrer Revue „Schwarz auf Weiß" das Aus gedroht. Die Wiener Behörden verweigerten zuerst die Auftrittserlaubnis, und sogar im österreichischen Parlament wurde über die „pornografische Aufführung" gestritten. Bei ihrer Ankunft in Wien lassen Pfarrer die Kirchenglocken läuten, um ihre Schäfchen vor ihr zu warnen. Die Wellen schlugen hoch, und nicht nur dort. In Berlin steht sie neben der beliebten Sängerin Lea Seidl auf der Bühne. Die aufgestachelten Zuschauer johlen und pfeifen sie aus. Die Zeitungen schreiben von „Bordellisierung" und „Verschweinlichung", und eine Besprechung ihres Auftritts schürt die Hetze: „Wie können Sie es wagen, unsere schöne, blonde Lea Seidl zusammen mit einer Negerin auftreten zu lassen?" Schön und blond – die Hitlerjahre dämmern in Deutschland herauf, in dem der „Untermensch" unerwünscht ist, doch in diesen Jahren „schwarz" zu sein, ist nirgends leicht. „Selbst als ich schon zu den großen Stars in Paris gehörte, dachte ich noch jahrelang, wenn die Leute mich auf der Straße anstarrten, es sei aufgrund meiner Hautfarbe." Die „Sklavenrasse" hat auf einer deutschen Bühne nichts verloren, und schon gar, wenn sie nur in hochhackigen Stiefeln, Perlenketten und einem Rock auftritt, der bloß aus Bananen besteht. Genau dafür aber ist sie auf der ganzen Welt berühmt: die Nackttänzerin Josephine Baker.

Das erste Leben der Josephine Baker: die Armut. Farbige haben als Hausmädchen zu dienen, auf den Feldern oder in den Fabriken zu schuften. Sie sind für niedere Arbeiten da, aber erfolgreich sein? Als Josephine Baker in St. Louis geboren wird, ist die Sklavenbefreiung erst vierzig Jahre her. Die hatten sich im Amerikanischen Bürgerkrieg Abraham Lincolns Nordstaaten auf die Fahne geschrieben, doch wirklich geändert hatte sich nur wenig. Die einstigen Sklaven sind noch immer eher rechtloses Vieh denn amerikanische Bürger. „Wir waren alle entsetzlich arm." Keine guten Aussichten für Freda Josephine McDonald. Ihre Mutter Carrie McDonald hatte mit achtzehn als Kellnerin den herumziehenden weißen Schlagzeuger Eddie Carson kennengelernt, der sie überredete, in zwielichtigen Bars zu singen. Sie hausten in einer zugigen Bretterkammer, deren Wände sie mit Zeitungen beklebten, um die Kälte draußen zu halten. Am 3. Juni 1906 kommt sie mit Josephine nieder, gleich darauf ist sie mit ihrem Sohn Richard schwanger. Eddie Carson aber verduftet. Carrie muss sich mit den beiden Kindern allein durchschleppen. Die Heirat mit dem Arbeitslosen Arthur Martin bringt ihr zwei weitere Kinder, Margaret und Willi Mae, doch sonst nichts. Er lungert herum, sie schuftet als Wäscherin. Alle zusammen schlafen in einem Bett, falls die Wanzenbisse sie nicht wach halten.

Mit acht Jahren muss Josephine daher mitverdienen. Täglich ab 5 Uhr morgens arbeitet sie als Haushaltshilfe für eine Weiße, um vor der Schule fertig zu sein. Als sie an einem Waschtag jedoch zu viel Seife verbraucht, verbrüht ihr die Herrin zur Strafe die Hände. Die Wunden heilen, sie nimmt eine neue Stelle an; weil ihr dort aber der Hausherr nachsteigt, wird sie entlassen. Und doch muss sie zuverdienen. „Das ist meine Kindheit. Ich hatte keine Strümpfe, ich fror und ich tanzte, um warm zu werden.“ Ihre Schuhe sind aus Papier und alten Kohlensäcken gemacht, und um der Mutter zu helfen, bettelt sie bei Marktfrauen um Reste, durchwühlt die Abfalltonnen, klopft an jede Haustüre, um wenigstens einen Tagelohn für Bodenschrubben oder Waschen zu ergattern, und sie klettert auf Güterzüge, um Kohle zu stehlen. „Eines Tages begriff ich, dass ich in einem Land lebte, in dem ich als Schwarze Angst hatte. Es war ein Land nur für Weiße. Nicht für Schwarze.“ 1917 ziehen weiße Schläger durch ihr Viertel, um Jagd auf Schwarze zu machen. In den Unruhen werden neununddreißig von ihnen ermordet, Hunderte verletzt, Tausende obdachlos. Für Josephine Baker eine grauenvolle Erinnerung, die aus ihr eine überaus streitbare Kämpferin gegen Rassismus machen wird. Die Armut, die Unruhen – sie fühlt sich schutzlos. Mit zwölf Jahren zieht sie daher bei einem siebenundfünfzigjährigen Eisverkäufer ein, mit dreizehn heiratet sie den Gießereiarbeiter Willie Wills, mit vierzehn ist sie bereits wieder geschieden, noch ein Jahr später und sie heiratet erneut. Den Namen des Zugbegleiters Willie Baker behält sie, als sie sich trennen – auch bei ihm fand sie nicht das Glück, das sie suchte. Sie findet es woanders.

„The Jones Familiy Band“, Vater, Mutter und Tochter, tingelt durch das Land. Josephine Baker lernt sie in einem Jazzkeller kennen. Eigentlich kellnert sie, doch ebenso gern tanzt sie.

„Ich tanze, ich liebe den Tanz, ich liebe ihn über alles. Ich werde mein Leben lang tanzen.“

Was sie Tanz nennt, ist komische Gesichter schneiden, heftiges Schielen, seltsame Verrenkungen, als ob sie an Fäden gezogen werde, und ständiges Hinternwackeln, das als unanständig gilt. „Das Hinterteil existiert nun mal. Ich sehe keinen Grund, mich dafür zu schämen. Es stimmt, manche Hintern sind so langweilig, so affektiert, so nichtssagend, dass sie nur zum Sitzen taugen.“ Ihrer nicht. Sie schließt sich der Familie an, reist mit ihr durchs Land, und in Philadelphia bekommt sie im „Standard Theatre“ eine erste Stelle als Bühnentänzerin. Eine schäbige Revue, 10 Dollar die Woche. „In Wirklichkeit verdiente ich gar nichts, denn wir wurden fast nie bezahlt und ich hatte immer Hunger. Ich war schwach, schwach zum Umfallen. Die Zähne wurden mir lang.“ Aber sie trifft die beiden schwarzen Komiker Noble Sissle und Eubie Blake, die mit dem Musical „Shuffle Along“ unterwegs sind. Sie bewirbt sich vorerst umsonst bei ihnen. Als 1921 das Musical am Broadway Erfolge feiert, bewirbt sie sich erneut, und diesmal wird sie genommen. Sie macht sich ein Jahr älter, denn mit sechzehn darf sie in New York nicht auftreten. 30 Dollar verdient sie als Tänzerin in der „Chorus line“, dem tanzenden Hintergrundchor. Sie gibt die Ulknudel und wird in der Truppe zur unbeliebten Rampensau, die ihren Mittänzerinnen so oft wie möglich die

Aus heutiger Sicht undenkbar: das Plakat zur *La Revue Nègre*, die am 2. Oktober 1925 in Paris im Théâtre des Champs-Élysées Premiere hatte

Schau stiehlt. „Du spielst und tanzt wie ein Affe!" Das Publikum aber steht auf sie, sodass Josephine Baker auch in den Musicalnachfolger „Chocolate Dandies" übernommen wird. „Verquetscht und Fratzen schneidend schielt sie, bläst die Backen auf, verrenkt sich." Macht bereits 125 Dollar die Woche mit ersten Soloauftritten für den Spaßvogel, und endgültig ist sie auf ihrem Weg, als die „Grotesktänzerin" auf dem Broadway in der „Plantation Music Hall" engagiert wird.

Das zweite Leben der Josephine Baker: die Tänzerin. „Unser Star konnte eines Abends nicht auftreten. Ich durfte ihn ersetzen. Ich hatte viel mehr Erfolg als der Star." Zu Gast an diesem Abend ist Caroline Dudley, die Tänzerinnen für eine Show am „Théâtre de Champs-Élysées" in Paris sucht. Sie bietet ihr 150 Dollar, dann 200, bei 250 schlägt Josephine Baker ein, und am 3. September 1925 ist sie mit einem bunten Haufen aus Tänzerinnen und Musikern an Bord des Überseedampfers *Berengaria*. „Als die Statue der Freiheit am Horizont verschwand, war ich frei!" Sie verlässt nicht nur die Armut, vor allem lässt sie die Rassentrennung hinter sich, die sie hasst. Was für ein Eindruck: In Europa sitzen Weiße und Schwarze gemeinsam in den Cafés und sie werden unterschiedslos bedient. Viel Gepäck hat sie nicht dabei, aber sie bringt ihren Tanz mit, der verrückt ist, neu und anders. „Eine unwahrscheinliche Mischung aus Kaugummi, boxendem Känguru und Rennradler": So tritt sie auf, als ob sie den Teufel im Leib hat. Frei tanzen, hemmungslos herumzucken ohne feste Schrittfolge, und das zu Zeiten, als für die meisten guten Bürger der Walzer noch das Äußerste der Freizügigkeit ist. „Ein barbarischer Tanz, getanzt von den Girls und von Josephine Baker. Dieser Tanz von seltener Unanständigkeit ist ein Triumph der Geilheit."

Dem Pariser Theater jedoch ist die angebotene „La Revue Nègre" zu lang. Nummern werden gestrichen, dafür aber Josephine Baker mehr herausgestellt, die am Ende ihres Auftritts nur mit blauen und roten Federn tanzen soll. Erst erschrickt sie, dann stimmt sie zu. „Ich wurde mit gu-

Karikatur des Berliner Schriftstellers und Lebemanns Karl Gustav Vollmoeller (1878 – 1948)

ten Beinen geboren. Der Rest, nein, schön ist er nicht. Amüsant schon." Die Zuschauer sehen das anders, als sie ihren nackten Busen zeigt. Die Premiere am 2. Oktober 1925 gerät zum Aufruhr, doch genau das lockt die Neugierigen in Strömen ins Theater. „Es gibt Leute, die zweimal, ja sogar sechsmal hingegangen sind. Es gibt andere, die nach zwei Szenen hinausgehen und laut die Türen hinter sich zuschlagen und schreien, es sei ein Skandal, es sei Wahnsinn." Die „schwarze Venus", die „schwarze Perle", die „schwarze Poesie" erobert Paris im Sturm. „Dabei ist sie bei all dieser Bewegtheit und Ungeniertheit die liebenswürdigste, anspruchsloseste, vorurteilsloseste und gleichzeitig schüchternste aller Frauen; gefallsüchtig, aber mit einem goldenen Herzen."

„In Frankreich sind die Häuser niedrig, aber die Absätze der Frauen sind sehr hoch", sagt Josephine Baker. Und sie hat Selbstbewusstsein: „Man hat mir die Ehre erwiesen, mich für dumm zu halten. Man hat haarsträubende Geschichten von mir erzählt. Ich habe das gar nicht nötig. Ich bin auch niemandem Rechenschaft schuldig. Ich brauche meine ganze Zeit zum Leben." Oder anders: „Ich tue, was mir passt!" Und sie tut das bei den „Folies Bergère", einem Cabaret leicht bekleideter Tänzerinnen, das wohlhabenden Parisbesuchern als die Hauptattraktion des Nachtlebens gilt. Der Tanz, den sie dort hinlegt, wird ihr legendäres Markenzeichen: Nur mit einem Slip und einer Perlenkette tritt sie auf, und vor allem mit einem Röckchen aus sechzehn baumelnden Bananen. Für die einen ist das völlig verkommen, für die anderen aber Kunst, die kein billiger Nackttanz ist, und so auch für Josephine Baker: „Ich war nicht wirklich nackt, ich hatte nur keine Kleider an." Sie spricht kaum Französisch, und weil sie mehr schlecht als recht ihren Namen schreiben kann, legt sie sich einen Autogrammstempel zu, aber sie verdient weit über eine Million Francs im Jahr.

„Ruhm ist eine Leiter mit vielen Sprossen." Josephine Baker ist gerade mal zwanzig. Baker-Puppen werden verkauft, Baker-Kleider, Baker-Parfüms, und sie wird mit Geschenken überhäuft. Sie ist „La

Baker“ geworden, die ihr eigenes Cabaret aufmacht, „Chez Josephine“, das zum Renner wird, und zahlt einem Pariser Modeschöpfer 285 000 Francs für seine Kleider. Ihr wird nachgesagt, sie sei die meistbekleidete Nackttänzerin der Welt. Sie eröffnet die „Tour de France“, singt bei Wohlfahrtskonzerten, und für arme Kinder spielt sie den Weihnachtsmann, der Kuchen und Spielzeug verschenkt. Doch im schnelllebigen Paris ist der Reiz des Neuen rasch verflogen. Sie geht daher auf Südamerika- und Europatournee, bei der ihr Auftritt in München verboten und in Berlin verrissen wird.

„Viele Frauen sind nur auf ihren guten Ruf bedacht, aber die anderen werden glücklich.“ Bubikopf, Zigarettenspitze und kurze Fransenröcke sind gefragt, getanzt wird der Charleston, die Musik ist der Jazz des schwarzen Amerika, und das Berlin der wilden Zwanzigerjahre ist freizügig, nicht nur auf der Bühne. Nach dem Massensterben des Ersten Weltkriegs herrscht die Sucht nach Leben. Paris, London oder eben Berlin: Schwarze Musik, schwarze Bands, schwarze Tänzer sind der Renner. Schwarz ist „in“ im pulsierenden Berlin, obschon die Rechten dagegen wettern. „Die Fantasie der Weißen hat es wirklich in sich, wenn's um Schwarze geht.“ Bert Brecht sitzt an der „Dreigroschenoper“, Marlene Dietrich zeigt Bein, Max Reinhardt inszeniert, Kurt Tucholsky, Erich Kästner, Marieluise Fleißer schreiben für Zeitungen oder Theater, Alban Bergs Musik wird gespielt – Berlin ist ein Menschenmagnet, und Josephine Baker lässt in den Berliner Künstlerkreisen nichts anbrennen, bei denen sie ein gern gesehener Gast ist, besonders bei Karl Gustav Vollmoeller, einem wahren Tausendsassa. Schriftsteller ist er, Drehbuchautor, Übersetzer, Pionier des Automobilbaus, Flugzeugkonstrukteur, er bringt den Stumm- und Tonfilm voran, ist Theaterunternehmer und zeitweise Politiker wider Willen, vor allem aber ist er ein Lebemann, dessen Einladungen so wüst wie begehrt sind. Ein Besucher: „Ich fand zwischen einem halben Dutzend nackter Mädchen auch Miss Baker, ebenfalls bis auf einen roten Mullschurz völlig nackt. Die nackten Mädchen lagen oder tänzelten zwischen den vier oder fünf Herren im Smoking herum, und die kleine Landshoff, die wirklich wie ein bildschöner Junge aussieht, tanzte mit der Baker moderne Jazztänze zum Grammofon.“ Doch ihre Stadt ist und bleibt Paris, in das sie zurückkehrt. „Die Nacht, der Sekt, die Freude, das fiebernde Leben, und der Tanz, immer wieder der Tanz! Die Blumen und die Frauen und die Tänzer! Niemals plump, niemals langweilig, niemals gewöhnlich! Es lebe Paris!“

„Da ich auf der Bühne die Wilde personifiziere, versuche ich im täglichen Leben so zivilisiert wie möglich zu sein.“ Josephine Baker kauft eine Villa bei Paris, und sie stellt einen Diener an, der bei Markteinkäufen weiße Handschuhe tragen muss. Auf der Bühne ist sie die Feurige, der Alltag als Dame soll das ausgleichen. „Trotz ihres prachtvollen Körpers war sie äußerst schamhaft.“ Und doch vermarktet sie sich geschickt und setzt sich in Szene: Sie bekommt einen Geparden geschenkt, den sie mit einem sündteuren Diamanthalsband schmückt, um mit ihm in Paris aufsehenerregend spazieren zu gehen. Als sich der Gepard bei einem Auftritt losreißt und das Publikum in Angst und Schrecken versetzt, bringt das erwünschte Schlagzeilen. „Ich habe mich noch nie so gut amüsiert.

Ich mache nichts als Unsinn." Auch sonst sind ihr Titelseiten sicher. Sie tourt mit einer Jazzband, den „Baker Boys", durchs Land, sie spielt in einem Stummfilm mit, später in einem der ersten Tonfilme, und sie singt in einer komischen Oper die Titelpartie. Singen wird ihr wichtiger als Tanzen: Der einstige Bühnenclown wandelt sich damit zur ernsthaften Künstlerin. Die als „negro wench", als „Negerschlampe" Beschimpfte mausert sich. Die nackten Zeiten sind für sie damit vorbei.

Das dritte Leben der Josephine Baker: die Kämpferin. Ihre Hauptkampfzone ist über viele Jahre die Rassendiskriminierung. Sie kämpft für das Niederreißen der Schranken zwischen Weiß und Schwarz, ganz besonders in Amerika, das sie 1935 nach zehn Jahren wiedersieht. Sie hofft, ihren Pariser Erfolg in ihrer Heimat zu wiederholen, der Weltstar aber wird derb enttäuscht: In New York bucht sie die Suite eines Hotels. Als sie dort ankommt, wird sie abgewiesen, weil weiße Gäste nicht mit einer Schwarzen unter einem Dach übernachten wollen. „Ich lasse mich von niemand einschüchtern." Sie weigert sich daher, während ihrer Auftritte amerikanisch zu sprechen, und ihre Chansons singt sie nur französisch. Sich nicht unterkriegen lassen – das behält sie bei: Nach dem Zweiten Weltkrieg ist sie abermals in den Staaten. Wiederum in New York wird sie als Schwarze im „Stork Club" nicht bedient. Sie zeigt den Besitzer an. Die Klage wird zwar unter den Teppich gekehrt, aber die beginnende Bürgerrechtsbewegung bekommt durch ihr mutiges Eintreten für die Rechte der Schwarzen Auftrieb, und wenige Jahre später steht sie an der Seite von Martin Luther King vor Tausenden Demonstranten, denen sie in einer Rede Mut zuspricht. Schwarze stehen vereint neben Weißen. „Salz und Pfeffer. Genau so, wie es sein sollte", sagt sie, und Martin Luther King sagt: „I have a dream ..." Die Bewegung hat Erfolg. Die gesonderte Abteilung für Schwarze in den öffentlichen Bussen wird abgeschafft, Präsident John F. Kennedy setzt die Nationalgarde ein, um schwarze Schüler und Studenten zu beschützen, denen erstmals freisteht, weiße Schulen und Universitäten zu besuchen, und so ist die Bürgerrechtsbewegung nicht mehr aufzuhalten, auch nicht als John Fitzgerald Kennedy erschossen und Martin Luther King ermordet wird. Ein später Triumph für Josephine Baker: Im Amerika ihrer einstigen Armut wird sie zur „Frau des Jahres" gewählt. Nicht ihre einzige Auszeichnung.

Am 14. Juni 1940 marschiert die deutsche Wehrmacht in Paris ein. Schon 1938 war Josephine Baker in Deutschland in einer berüchtigten Ausstellung über „entartete Musik" gebrandmarkt worden und weiß daher, was sie von Hitlers Gefolgsleuten zu erwarten hat. Sie setzt sich nach Süden in das nicht besetzte Frankreich ab, mietet in der Dordogne das Schloss „Les Milandes" und wird vom „Deuxième Bureau", dem Geheimdienst des französischen Widerstands, angeworben. Josephine Baker horcht auf Bällen und Empfängen in Botschaften und Ministerien die Gäste aus, um das Gehörte weiterzureichen, und sie schmuggelt Spione über die Grenze, die sie als ihre unbedeutenden Begleiter ausgibt. Alle Blicke richten sich auf die weltberühmte Baker, sodass sich keiner um die Begleiter kümmert. Flüchtlinge versteckt sie in „Les Milandes", und ihre Geheimdienstbotschaften

---

Josephine Baker mit ihrem Gepard, um 1931

über Truppenbewegungen oder Flugplätze und Häfen unter deutscher Besatzung schreibt sie mit unsichtbarer Tinte auf ihre Notenblätter. Frankreich aber ist für sie bald nicht mehr sicher.

Sie geht deshalb nach Nordafrika, wo sie schwer an einer Bauchfellentzündung erkrankt. Geschlagene eineinhalb Jahre ist die Tanzsüchtige ans Bett gefesselt. Kaum genesen, begleitet sie die in Afrika gelandete alliierte Armee auf ihrem Vormarsch nach Osten. Agadir, Marrakesch, Fes, Algier, Tunis, Tripolis, Bengasi, Kairo, Jerusalem, Damaskus, Beirut: Sie unterhält die Truppen mit ihren Auftritten. Für ihren Geheimdiensteinsatz wird sie zum Leutnant der Luftwaffe befördert, von General Charles de Gaulle erhält sie dafür das „Croix de Guerre", sie wird in die „Ehrenlegion" berufen, und nach der Befreiung Frankreichs wird ihr für ihren Einsatz im französischen Widerstand die „Medaille de Resistance avec Rosette" verliehen. Auf die Orden ist sie ganz besonders stolz. Sie wird französische Staatsbürgerin, der Zweite Weltkrieg jedoch war auch für Josephine Baker ein tiefer Schnitt.

Das vierte Leben der Josephine Baker: die Mutter. „Ich hasse alle, die Böses tun, die Unglücklichen sind immer meine Kinder, ich möchte, dass sie alle meine Kinder wären. Ebenso wie der Hausmeister, die Köchin und der Kellner meine Brüder sind und das kleine Stubenmädchen meine Schwester."

Ihre große Zeit als Tänzerin und Sängerin neigt sich. Sie tourt noch immer um die Welt, mit fünfzig Jahren jedoch gibt sie ermüdet am 10. April 1956 in Paris ihre Abschiedsvorstellung von der Bühne. Ein brausender Abgang, bei dem die „Opéra national de Paris", die „Comédie Française", die „Folies Bergère", das „Lido" und das „Théâtre Marigny" Höhepunkte aus ihrem Leben singen, spielen, tanzen. Sie selbst tritt erst nach der Pause auf, wie sich das für einen Star gehört. Sie hat unterdessen Schloss „Les Milandes" gekauft, und nun holt sie ihre Geschwister und ihre Mutter nach Frankreich, der sie all die Jahre regelmäßig Geld geschickt hatte. „Die Liebe kleidet uns besser als alle Schneider." Und sie tut noch mehr: Korea, Japan, Finnland, Kolumbien, Frankreich, Israel – sie adoptiert Kinder aus aller Herren Länder. Zehn Jungen und zwei Mädchen werden ihre „Regenbogenfamilie", die für Josephine Baker ein buntes Zeichen der Brüderlichkeit ist. Der geldverwöhnte Star aber kann mit Geld nicht umgehen. Nach ihrem Bühnenende verdient sie längst nicht genug, um „Les Milandes" zu halten, zumal sie ihre Kinder überaus verwöhnt. Bald droht die Zwangsversteigerung, denn das Geld rinnt ihr nur so durch die Finger. 1964 werden ihr Strom, Gas und Wasser abgedreht. „Mit Geld kann man sich viele Freunde kaufen, aber selten ist einer seinen Preis wert." Josephine Baker aber hat Freunde, und sie lassen sie nicht allein. Brigit Bardot ruft im Fernsehen zu Spenden für sie auf, Marokkos König überweist ihr einen ordentlichen Betrag, Schriftsteller sammeln für sie und Pariser Künstler stiften ihre Gagen. Sie selbst beginnt wieder aufzutreten. „Ich muss singen, weil ich das Geld für meine Kinder brauche." Ein Auftritt jagt den nächsten, bis sie zwei Herzanfälle erleidet. „Les Milandes" jedoch ist nicht zu retten. 1968 wird das Schloss versteigert. Weil in Frankreich verboten ist, irgendwen im Winter auf die Straße zu setzen, darf sie noch bleiben. Im Frühjahr 1969 ist die Schonfrist vorbei. Mit

Josephine Baker mit Adoptivkindern, 1954

Duschhaube und Nachthemd wird sie aus dem Haus gezerrt. Stundenlang sitzt sie in eine Wolldecke gepackt vor dem Eingang. Dann bricht sie zusammen. Sie muss ins Krankenhaus. Grace Kelly, als Gracia Patricia Fürstin von Monaco, nimmt ihre Familie auf, die Adoptivkinder kommen in einem Internat unter. Das „boxende Känguru" ist angezählt. Zu Boden aber geht sie nicht. Josephine Baker bleibt die Kämpferin, die sie immer war. New York, Monaco, London, Kapstadt: „Ich liebe es, auf der Bühne zu stehen. Ich werde es tun, bis ich sterbe." In Paris stellt sie eine neue Show für sich auf die Beine, und am 8. April 1975 feiert die bald Neunundsechzigjährige die Premiere mit Gracia Patricia, Mick Jagger und Sophia Loren auf einem rauschenden Fest. Am nächsten Abend steht sie wieder auf der Bühne, doch nachts spielt ihr Körper nicht mehr mit. Sie bekommt einen Schlaganfall und fällt ins Koma. Die Fürstin von Monaco, die ins Krankenhaus eilt, kommt zu spät. Josephine Baker ist um 5 Uhr am Morgen des 12. April 1975 gestorben.

20 000 Menschen geben ihr auf dem Weg vom Hospital „de la Salpêtrière" zur Kirche „Saint Marie Madeleine" das Geleit. Der Trauerzug wird landesweit im Fernsehen übertragen. Eine Ehrengarde steht mit vierundzwanzig Fahnen Spalier, ihr geschlossener Sarg ist mit der Flagge Frankreichs bedeckt. Einundzwanzig Salutschüsse werden für die Ehrenlegionärin abgefeuert. Ein Begräbnis mit militärischen Ehren für den Veteranen der Truppen und des Geheimdienstes Josephine Baker. Der Bürgermeister von Paris ist unter den Trauergästen, Minister Frankreichs und der Oberbefehlshaber der Armee. Ihre Grablegung ist das erste französische Staatsbegräbnis für eine gebürtige Amerikanerin, die noch dazu eine Farbige war.

Christine Granville, 1940

Sie konnte alles mit Dynamit tun, außer es essen

CHRISTINE GRANVILLE

1953 erscheint Ian Flemings erster „James-Bond"-Roman „Casino Royal". Der Agent seiner Majestät verliebt sich darin in die geheimnisvolle Vesper Lynd, die am Ende Selbstmord begeht. In einem Abschiedsbrief gesteht sie, dass sie eine auf Bond angesetzte Doppelagentin war. Das Vorbild für Vesper Lynd: Christine Granville, mit der Fleming eine Liebschaft hatte. Tatiana Romanova in „Liebesgrüße aus Moskau" wird er gleichfalls ihr nachbilden. „Sie strahlt buchstäblich den Glanz und die Qualitäten einer Romanfigur aus." Doch anders als Vesper Lynd bringt sich Christine Granville nicht selbst um. Sie wird ermordet. Am 15. Juni 1952 sucht der Schiffssteward Dennis George Muldowney sie in ihrem Hotel in London auf. Er war ihr Geliebter, sie will ihn loswerden. Er betritt ihr Zimmer, fordert, seine Briefe zurückzugeben, dann sticht er zu. Noch ehe Hilfe kommt, ist sie tot. Er habe sie getötet, weil er sie liebe, wird er aussagen. Einen Verteidiger vor Gericht lehnt er ab. Er bekennt sich schuldig. Wenige Wochen nach der Tat wird er gehängt.

Die Schattenarmee Geheimdienst, Agenten, Spionage, Mord und Tod sind die Welt der Christine Granville bis zum Schluss. „Vesper", „Vesperale", „Abendstern" nennt ihr Vater Jerzy Graf Skarbek seine Tochter Krystina, die am 1. Mai 1915 im polnischen Warschau geboren wird. „Christine Granville" ist ihr Deckname, den sie inmitten des Zweiten Weltkriegs 1941 annimmt. „Sie war eines der am sanftesten aussehenden Mädchen, die ich in meinem Leben getroffen habe. Es fiel mir schwer zu glauben, dass sie einige der mutigsten Geheimoperationen des Krieges durchgeführt hatte." Der Abendstern, die Venus, Göttin der Liebe: Ihr ansteckendes Lachen, ihr braunes Haar, charmant, zierlich, mit messerscharfem Verstand – von Jugend an verfallen der polnischen Adelstochter die Männer reihenweise. „Ihr wirres schwarzes Haar und die völlige Abwesenheit von Schminke auf ihrem fein geschnittenen Gesicht gaben ihr die Erscheinung einer athletischen Kunststudentin." Der erste von Bedeutung ist Jerzy Gizycki. Ein Abenteurer, der in Amerika als Cowboy gearbeitet und Gold geschürft hatte, bevor er sich als Maler und Schriftsteller einen Namen machte. Sie heiratet ihn 1938. Ihre erste Ehe mit dem schwerreichen Karol Getlich, die sie mit achtzehn schloss, ist da längst zu Ende. Das Paar reist durch Europa, bis er zum polnischen Konsul in Äthiopien ernannt wird, und sie sind noch kein Jahr verheiratet, als mit dem deutschen Überfall auf Polen am 1. September 1939 der Zweite Weltkrieg beginnt. Der Rückweg nach Polen ist ihnen versperrt, sie gehen nach London und Krystina setzt sich mit der polnischen Exilregierung in Verbindung. Sie ist Polin, sie will im Krieg ihrem Land dienen, und sie kommt in Kontakt mit dem britischen „Secret Intelligence Service", dem Auslandsgeheimdienst SIS. England aber hat wenig Interesse an ihr, und so gibt sie sich als englische Journalistin aus und fährt auf eigene Faust allein aus London ab, um über Ungarn nach Polen zu gelangen. In der polnischen Botschaft Budapests aber trifft sie den zweiten Mann von Bedeutung: Andrzej Kowerski. Er ist Leutnant der polnischen Schwarzen Brigade, die sich Hitlers Armee vergeblich entgegenstellte. Kowerski hat bei einem Jagdunfall ein Bein verloren, trotzdem schleust er nach der raschen Niederlage Polens Flüchtlinge über die Grenze. Es funkt sofort. Sie werden ein Liebespaar.

Hohe Tatra in der Slowakei. Die nationalsozialistische Propaganda schreibt im Winter 1940 auf die Rückseite des Bildes: „Sie holen ‚ihren' Weihnachtsbaum. Weihnachtsvorbereitungen bei unseren Soldaten in der Hohen Tatra. Die Schlittenfahrt mit dem Baum durch den tief verschneiten Tannenwald ist schon eine richtige Weihnachtsvorfreude. Lachende Gesichter!" Die Realität an der Front sah freilich anders aus.

Anfang 1940 findet sie in dem polnischen Skifahrer der Olympischen Spiele, Jan Marusarz, einen Führer, der sie endlich durch die Slowakei über die Pässe der verschneiten Hohen Tatra in das besetzte Polen bringt. Minus 30 Grad, meterhoher Schnee, nachts mit Skiern durch die Berge – es ist eine Tortur, doch sie kämpft sich nach Warschau durch. So zierlich sie ist, so zäh ist sie auch, und so kaltblütig. In einem Warschauer Kaffeehaus wird sie erkannt, doch sie streitet derart gekonnt ab, Krystina zu sein, dass selbst ihre gute Bekannte an eine Verwechslung glaubt. Sie bleibt nur einige Wochen und fleht ihre Mutter an, Polen zu verlassen. Ihr Vater ist bereits tot. Die jüdischstämmige Polin weigert sich und wird durch die deutschen Besatzer im Gefängnis sterben. Krystina Gizycki indes kehrt im Sommer wieder, sammelt militärische und wirtschaftliche Hinweise und baut ein polnisches Kuriernetz auf, das Nachrichten von Warschau nach Budapest liefert. Als sie Polen abermals verlässt, hat sie ein zerlegtes Schnellfeuergewehr im Gepäck, das sie über die Grenze schmuggelt, um das Gewehr nachbauen zu lassen, denn die „WZ 35" ist die einzige polnische Waffe, die panzerbrechend ist. Bei ihrer dritten Polenreise wird sie mit einem ihrer Kuriere in der Slowakei geschnappt. Belastendes werfen sie in einen Fluss, doch in den Rucksäcken sind gut 1000 Dollar versteckt. Seelenruhig überredet sie die Grenzer, das Geld zu nehmen, sie dagegen laufen zu lassen. Als die beiden fliehen, schießen die Grenzer nur in die Luft.

„Sie gewann überall neue Freunde und schien ihr Leben zu genießen, trotz der schlimmen Bedingungen. In den schwierigsten Situationen schüttelte sie sich manchmal vor Lachen." Sie genießt ihr Leben tatsächlich, das bei den Gefahren, denen sie sich über Jahre aussetzt, jeden Tag vorbei sein kann. Trotz Kowerski und Gizycki, dem sie ihr Verhältnis eingesteht und der sich von ihr trennt, nimmt sie sich Liebhaber, sooft sie will, die für sie austauschbares Vergnügen sind. Sie ist überaus selbstbewusst und bleibt unabhängig. James Bond über Vesper Lynd: „Sie würde sich hingeben – ohne jemals zu erlauben, dass man sie besitzt." In Budapest hilft ihr das nicht, denn Ungarn wird wie die Slowakei Ende 1940 Verbündeter Deutschlands. Anfang 1941 wird „die Engländerin" zusammen mit dem Polen Kowerski um fünf Uhr morgens von der deutschen Geheimen Staatspolizei, der Gestapo, in Budapest abgeholt und bis spät in die Nacht verhört. Doch wieder bleibt sie beherrscht. Sie hat Grippe und hustet ständig. Mitten im Verhör aber fängt sie an, Blut zu spucken. Die Geheimpolizisten glauben verängstigt, sie habe eine ansteckende Lungenkrankheit, und Krystina und Kowerski werden umgehend nach Hause geschickt. Sie aber hat sich nur auf die Zunge gebissen, um sie zu täuschen. Die Gestapo behält sie im Auge, doch sie stehlen sich mit einem klapprigen Auto in die britische Botschaft, die sie mit Pässen versieht. Aus Krystina Gizycki wird Christine Granville, aus Andrzej Kowerski wird Andrew Kennedy. Ungarn ist nicht mehr sicher. Sie schlagen sich mit ihrer Klapperkiste nach Belgrad durch und von Jugoslawien nach Sofia. Bulgarien aber steht unter deutschem Einfluss und fremdsprachige Reisende in Zeiten des Krieges sind verdächtig. Immer wieder werden sie gefilzt. Für sie lebensbedrohend, denn sie haben hochbrisante Aufnahmen des polnischen Widerstands dabei, die den deutschen Aufmarsch an der russischen Grenze zeigen. „Unternehmen Barbarossa", der deutsche Angriff auf die Sowjetunion, steht unmittelbar bevor. Und doch gelingt ihnen, das Material einem Vertreter der britischen Botschaft in Sofia zu übergeben. Weiterreise in die Türkei und nach Ägypten. In Kairo aber geraten sie in Verdacht. Die Briten glauben, nur als deutsche Agenten hätten sie Reiserlaubnis für ihre angebliche Flucht erhalten und die in Sofia übergebenen Mikrofilme seien absichtliche deutsche Desinformation. Als am 22. Juni 1941 Russland angegriffen wird, ist der Verdacht vom Tisch.

Christine Granville bewirbt sich darauf beim britischen SOE, „Special Operations Executive", der gegründet worden war, um Widerstandsbewegungen zu unterstützen und ihnen bei Sabotage, Spionage und Einsätzen hinter feindlichen Linien zu helfen. Die Schreibtischstelle, die ihr angeboten wird, lehnt sie brüsk ab. Dafür ist sie nicht geschaffen. Gefahr macht süchtig. Sie will in den Einsatz. Sie lernt zu funken. Als erste Frau besteht sie die Fallschirmspringerausbildung des SOE, und der einbeinige Kowerski ist der erste Behinderte, der die Ausbildung erfolgreich hinter sich bringt. Sie kann nicht schwimmen und Fahrräder sind ihr nicht geheuer, und sie übt auf dem Schießstand, obwohl sie Pistolen und Gewehre nicht leiden kann. Ein Wegbegleiter: „Sie war der tapferste Mensch, den ich je kannte, die einzige Frau, die eine entschiedene Sehnsucht nach Gefahr hatte. Sie konnte alles mit Dynamit tun, außer es essen." Als Handwaffe bevorzugt sie aber ein Stilett. „Diese Waffe ist schnell und tödlich, ich habe bei vielen Gelegenheiten Gebrauch davon gemacht." Eine besondere Gelegenheit kommt für sie 1944. Einsatztauglich wird Christine Granville in das besetzte Frankreich geschickt. Sie ist der Ersatz für Cecily Marie Lefort, die

Beginn der alliierten Landung in der Normandie unter Oberbefehl von General Montgomery ab 6. Juni 1944

von der Gestapo verhaftet und gefoltert wurde. Lefort wird im Konzentrationslager Ravensbrück sterben. Ein Himmelfahrtskommando. Christine Granville soll den britischen Agenten Francis Cammaerts unterstützen, Deckname „Roger", ein Belgier, der einen Freiwilligenverband des französischen Widerstands auf die Landung der Alliierten in der Normandie vorbereitet.

7. Juli 1944. Sie springt in stockfinsterer Nacht aus großer Höhe, damit das Flugzeug unentdeckt bleibt, der Wind treibt sie kilometerweit ab, sie verfehlt den Landepunkt „Traille Crayon", und bei der Landung prellt sie sich schmerzhaft das Steißbein. Ihr Ziel sind die Berge von Vercors bei Grenoble in den französischen Alpen. Wälder, Schluchten, Gipfelhöhen über 2000 Meter, schroffe Felshänge, von nur wenigen Wegen erschlossen: eine natürliche Felsenfestung, von der aus Cammaerts seit 1943 die Überfälle seiner Einheit leitet. Sie leben in Hütten und Zelten, Essen ist knapp genauso wie warme Kleidung. Reicht die Beute nicht, fangen sie Mäuse und Ratten. „Ratten in einem Gulasch gekocht, könnten als Hühnerfleisch durchgehen." Christine Granville vergräbt ihren Fallschirm. Ihr Messer behält sie und ihre „Tablette". Gift für den Fall der Gefangenschaft. Als sie den Widerstand erreicht, sehen die Männer eine gut gelaunte junge Frau in hübschem Kleid, die einen Spaziergang am frühen Morgen genießt. Spitzenhöschen oder Springerstiefel: Sie ist wandlungsfähig. Ihr Deckname ist Pauline Armand, und erst als sie sich sicher ist, die richtigen Männer getroffen zu haben, nennt sie ihr Einsatzcodewort. Francis Cammaerts: „Sie war immer ruhig, lächelnd und glücklich, und sie war voller Spaß. Sie war bescheiden, was ihre eigenen Leistungen anging, aber großzügig mit ihrem Lob für andere."

„Operation Overlord", D-Day, die Landung in der Normandie ist vier Wochen her, nun soll „Operation Dragoon" Landungen in Südfrankreich ermöglichen. Aufgabe des Widerstands: Angriffe auf deutsche Truppen, um sie zu binden. Die Nadelstiche der „Résistance" bleiben freilich nicht unbeantwortet. Deutsche Verbände rücken auf das Gebirge vor. Sie abzuwehren, fehlen dem Widerstand Munition, Ausrüstung und Waffen. Ihre Gewehre helfen wenig gegen die hochgerüsteten deutschen Einheiten. Das Hauptquartier in Algier entsendet jedoch nur wenige Flugzeuge, und zu viel des Materials, das sie abwerfen, kann nicht geborgen werden. 20. Juli 1944: Am Tag, als in Berlin Graf von Stauffenbergs Attentat auf Hitler misslingt, ist die Lage des Widerstands aussichtlos. Cammaerts funkt: „Schickt uns Hilfe, unter allen Umständen." Sie kommt nicht. Mörserbeschuss und Flugzeugbomben verwandeln den Kampf in ein Inferno. Deutsche Fallschirmjäger landen, Panzer und Infanterieeinheiten rücken vor. Gut 600 Freiwillige des Widerstands fallen in den Kämpfen und 200 Zivilisten. La Chapelle, Vassieux-en-Vercors, St.-Martin werden von der deutschen Luftwaffe angegriffen, Dörfer abgefackelt, das Vieh abgeschlachtet, Frauen vergewaltigt, Familien erschossen. Drei Wochen auszuhalten, das hatten sie versprochen, und die sind vorbei. „Ammunition": Die Munition geht ihnen aus.

„Take action immediately", „Tut sofort etwas".

Die Funksprüche verhallen. Ihr Kampfgeist ist trotz der Verluste nicht erloschen, doch länger standhalten können sie nicht. Ein letzter verzweifelter Funkspruch, der eindeutig ist: Sie halten die Briten und Franzosen in Nordafrika für Verräter und Feiglinge. „Ja, wiederhole: Kriminelle und Feiglinge." Vergeblich. Die Unterstützung bleibt aus. Die Reste der Widerstandseinheit lösen sich auf, Francis Cammaerts und Christine Granville setzen sich ab zum neuen Treffpunkt Seyne-les-Alpes. Über 100 Kilometer Marsch durch Feindesland. Die beiden Kämpfer werden gejagt, schlüpfen aber durch alle Netze. Christine Granville geht nach Savoyen, schult italienische Widerständler für Sprengstoffanschläge, kraxelt über den Col de Larche, um sich durch die deutschen Linien zurückzuschleichen, und läuft in den Bergen polnischen Soldaten in die Hände, die auf Seite der Deutschen kämpfen. Weil sie die Polen überredet überzulaufen, wird der Weg für amerikanische Truppen ungehindert frei. Die Überredensgabe der Polin, die als Mädchen an einem Schönheitswettbewerb teilgenommen haben soll, ist gewaltig. Und sie wird sie bei einer selbstmörderischen Befreiung einsetzen, denn wenige Wochen nach Vercors wird Cammaerts mit zwei weiteren Agenten bei einer Straßenkontrolle verhaftet. Seine Hinrichtung ist gewiss, sie aber tischt eine frei erfundene Lügengeschichte auf.

Zurück in Seyne-les-Alpes erfährt sie, dass die Gefangenen im nahen Digne einsitzen. Ohne zu zögern, aber auch ohne groß nachzudenken, schwingt sie sich auf ein verhasstes Fahrrad und radelt schnurstracks – zur Gestapo. Dann steht sie vor Albert Schenck und Max Waem. Unverfroren kaltschnäuzig setzt sie alles auf eine Karte. Die Gestapo habe zwei britische und einen französischen Agenten der Alliierten eingekerkert. Einer sei ihr Mann. Sie selbst sei britische Agentin. Ihr Onkel sei Feldmarschall Montgomery, der Befehlshaber der britisch-kanadischen Truppen in Frankreich. Und nur falls sie das nicht wissen: Ein englischer Fallschirmjäger halte Funkkontakt mit den eben in Südfrankreich gelandeten Truppen, die in wenigen Stunden hier wären. Sollten sie die Verhafteten nicht freilassen und sollten sie erschossen werden, dann werde sie die Rache daran gnadenlos treffen. Der pure Schwindel. Max Waem: „Falls ich sie aus dem Gefängnis lasse, was werden sie tun, um mich zu beschützen?" Christine Granville versteht, was er meint: Für die Freilassung biete sie ihnen zwei Millionen Francs, die sie doch gewiss gut gebrauchen könnten, um sich selbst abzusetzen. Unglaublich, aber wahr: Sie wird nicht festgenommen und kann über Nacht das Geld auftreiben, das aus einem Flieger mit dem Fallschirm abgeworfen wird, tags darauf sitzen die Agenten in einem Fluchtauto. Christine Granville: „It's worked", Fall erledigt. Erst als sie in Sicherheit ist, wird ihr klar, in welcher Gefahr sie eigentlich schwebte. „Was habe ich getan! Die hätten mich genauso gut erschießen können."

Abenteuer jagt Abenteuer: Sie malt eine Militärkarte auf einen Seidenschal, den sie bei einer Straßenkontrolle um den Hals trägt. In den italienischen Alpen wird sie von deutschen Soldaten aufgegriffen. Sie hebt die Hände, in der sie Granaten hält. Sie werde nicht die Einzige sein, die hier stirbt, sagt sie. Die Soldaten lassen sie gehen, und Ausstrahlung, Gewandtheit, Schönheit, Todesmut, Schlauheit nützen Christine Granville auch weiterhin. Am Ende ihres Frankreicheinsatzes aber ist sie nur noch „a bag of bones", Haut und Knochen, schrecklich abgemagert. Dennoch: Anspannung, Nervenkitzel, aussichtslose Gefahren sind ihr in Fleisch und Blut übergegangen. Sie braucht den Nervenkitzel, doch der endet für sie mit der bedingungslosen Kapitulation Deutschlands am 8. Mai 1945. Das französische „Croix de Guerre", das ihr für die Befreiung des Agenten aus der Haft verliehen wird, die „George Medal", eine der beiden höchsten britischen Auszeichnungen für Zivilisten, der polnische Orden „Virtuti Militari", der „Order of the Britisch Empire" helfen ihr nicht. Noch vor wenigen Wochen hatte sie angeboten, in deutsche Konzentrationslager vorzudringen, um die Unglücklichen zu befreien, nun aber wird sie nicht mehr gebraucht. Sie bettelt um Einsatz in Übersee, denn noch kämpft Japan weiter, doch umsonst. Mit lumpigen zwei Monatsgehältern wird sie aus dem SOE entlassen. Die Hochspannungsjahre sind vorbei, im Friedensleben aber kommt sie nicht mehr zurecht.

In das russisch besetzte Polen kann sie nicht zurück. Das Außenministerium bietet ihr eine Schreibstelle an. Lächerlich. Heimatlos arbeitet sie lieber als Telefonistin, danach als Wäscheverkäuferin eines Kaufhauses, dann in der Wäschekammer eines Hotels. Ihre Affäre mit Ian Fleming beginnt, der im Krieg beim Marinegeheimdienst war, doch als dessen Frau ein Kind erwartet,

Der britische Schriftsteller Ian Fleming 1963

Das französische „Croix de Guerre“

versandet die Liebschaft. Männer verfallen ihr immer noch im Handumdrehen, auch als sie auf dem Passagierschiff *Winchester Castle* als Stewardess anheuert, die sich um die Kabinen zu kümmern hat. Sie, die Hausarbeit hasst. Gleichfalls auf dem Schiff: Dennis George Muldowney, mit dem sie sich die Zeit vertreibt. Am 13. Juni 1952 ist die Seereise zu Ende und das Schiff legt in Southhampton an. Drei Tage später kommt Muldowney zu ihr in das Hotel in Kensington. Sie weist ihn ab, weil sie mit Andrzej Kowerski ein neues Leben beginnen will, den sie aus den Augen verloren, aber wiedergesehen hatte. Muldowney zieht sein Messer.

Begraben wird Christine Granville auf dem Friedhof von Kensal Green in London. Blumen in den polnischen Farben Rot und Weiß werden in ihr Grab geworfen. Andrzej Kowerski: „Now for at last she is free.“ Nachdem er 1988 in München stirbt, wird seine Urne ihr zu Füßen in das Grab gesetzt. Francis Cammaerts über Christine Granville: „Sie wollte nicht bekannt oder bewundert sein als jemand, der viele tapfere Dinge während des Krieges getan hatte. Sie wollte gekannt und geschätzt sein als die, die sie war.“

Die zweifache Nobelpreisträgerin Marie Curie als junge Frau

Ich werde dumm sein, solange ich lebe

MARIE CURIE

Marie und Pierre Curie in ihrem Labor

„Der Hangar hält den Rekord für Unbequemlichkeit. Während des Sommers ist er infolge des Glasdachs heiß wie ein Treibhaus. Während des Winters weiß man nicht, ob man sich Frost oder Tauwetter wünschen soll: Wenn es regnet, tropft das Wasser mit sanft aufreizendem Geräusch auf den Boden oder auf gewisse Punkte der Arbeitstische, die das Ehepaar bezeichnet, um niemals einen Apparat daraufzustellen. Wenn es friert, friert man mit. Da ist nichts zu machen. Der Ofen ist unzureichend, selbst wenn man ihn bis zur Weißglut erhitzt. In nächster Nähe gibt er ein wenig Wärme, entfernt man sich aber, so kehrt man in die Polarzone zurück." Der Hangar ist ein Lagerraum, den sie als Labor nutzen dürfen, und das Ehepaar sind Pierre und Marie Curie, die einer der entscheidendsten Entdeckungen des 20. Jahrhunderts auf der Spur sind, der Marie Curie den Namen gibt: Radioaktivität. Ihre Forschung wird Marie Curie das Leben kosten und sie wird die Welt verändern zum Guten wie zum Bösen: Die Kernspaltung wird die Atombombe hervorbringen, und radioaktive Bestrahlung wird den Kampf gegen Krebs vorantreiben.

Marie Curie ist keine Französin, sie ist Polin. Als Marya Salomee Sklodowska wird sie in einer kleinen Wohnung in der Warschauer Fretagasse am 7. November 1867 geboren. Doch das Land hält für sie keine Zukunft bereit, denn seit fast hundert Jahren ist Polen von Preußen, Österreich und Russland besetzt. Vom einstigen Polen ist nichts mehr übrig. In Warschau sind Polizei, Verwaltung und Unterricht in russischer Hand, polnisch zu sprechen, ist verboten, Zeitungen, Kirchen, Schulen werden überwacht. Drohende Aufstände werden sofort unterbunden. Die Kerker sind voll, ein Pole ist verdächtig, weil er Pole ist, und so suchen viele ihr Heil im Ausland, auch Marya. Zweierlei braucht sie dafür: Geduld und Geld. Vor allem das Geld fehlt ihr, und nicht nur ihr, auch ihrer älteren Schwester Bronislawa, genannt Bronia. Beide sind ausgezeichnete Schülerinnen, beide möchten studieren, doch an polnischen Hochschulen sind Frauen nicht zugelassen, und der Familie fehlen die Mittel, die das Studium ihres Bruders in Warschau verschlingt. Mit vier Jahren bereits hatte Marya Lesen gelernt, seitdem saugt sie Bücher ein. Sie liest, was ihr unter die Finger kommt. Lernen ist ihr Leben, doch das allein genügt eben nicht. Begabt sein ohne Aussicht, die Begabung zu nutzen – Marya leidet, Bronislawa leidet, bis Marya der Schwester einen aufopferungsvollen Vorschlag macht. Bronia will in Paris an der Sorbonne Medizin studieren. Marya wird eine Arbeit annehmen und der Schwester dafür den Verdienst schicken. Bronia nimmt den Vorschlag an, hat aber eine Bedingung: Rollentausch, sobald sie ihren Abschluss hat. Dann wird sie die Schwester zu sich holen und im Gegenzug ihr das Studium bezahlen. Gemeinsam wollen sie erreichen, was jedem allein unmöglich ist.

„Ein solches Höllenleben wünsche ich nicht meinem ärgsten Feind!" Marya Sklodowska stehen Jahre der Entbehrung bevor. 1885 tritt sie als Gouvernante, als Kindererzieherin, in den Dienst einer Warschauer Familie. „Es ist eines jener reichen Häuser, wo man vor Gästen Französisch spricht – ein erbärmliches Französisch –, Rechnungen ein halbes Jahr lang nicht bezahlt, aber das Geld aus dem

Fenster hinauswirft.“ Sie bleibt nicht lange, zumal Erzieherinnen auf dem Land weit mehr verdienen. Schon nach wenigen Wochen kündigt sie und nimmt mutterseelenallein eine Dienststelle auf einem Gut in einem entlegenen Dorf an. Drei Jahre wird sie dort bleiben. Sie unterrichtet die Töchter des Gutsherren, und ihr wird erlaubt, weitere Schüler in ihrer Freizeit anzunehmen. Zeit für sich muss sie sich stehlen. „Um neun Uhr abends stürze ich mich in meine Bücher und arbeite.“ Noch immer liest sie querbeet, denn noch ist sie auf der Suche, ihre Gaben am besten einzusetzen. „Die Literatur interessierte mich ebenso sehr wie die Soziologie und die Naturwissenschaften. Dennoch gab ich mir in diesen Arbeitsjahren alle Mühe, darauf zu kommen, wo meine eigentliche Vorliebe lag, und so wendete ich mich endlich der Mathematik und Physik zu.“ Mathematik und Physik, das wird ihr Weg werden. Bis dahin aber wird sie sich in einen der Gutsherrensöhne verlieben, und die Romanze der armen Kirchenmaus wird sogleich als nicht standesgemäß unterbunden werden und sie wird weiter nachts über ihren Büchern brüten. Am liebsten aber würde sie weglaufen, doch das kann sie nicht, denn Bronia braucht ihre Unterstützung. Oft genug ist sie nah dran aufzugeben. „Meine Zukunftspläne? Ich habe keine, oder vielmehr sind sie so ungewöhnlich und landläufig, dass es nicht der Mühe wert ist, von ihnen zu reden. Mich durchschlagen, so gut es geht, und wenn es nicht mehr geht, dieser schnöden Welt Adieu sagen.“

Dann aber steht ihre Schwester vor dem Abschluss. Bronia ist unterdessen verlobt, sie lädt sie ein, bei ihr zu wohnen und endlich nach Paris zu kommen, um ihr Studium zu beginnen. Im Frühjahr 1890 erreicht Marya Sklodowska der entscheidende Brief, und als er sie erreicht, ist sie mutlos geworden. Zu lange hat sie der Dienst aufgerieben. „Ich war dumm, ich bin dumm, ich werde dumm sein, solange ich lebe, oder, um es mit anderen Worten zu sagen: Glück hatte ich nie, habe ich nicht und werde ich nie haben. Ich habe von Paris wie von der Erlösung geträumt, aber seit Langem schon habe ich die Hoffnung aufgegeben, je hinzukommen. Und jetzt, wo sich mir die Gelegenheit bietet, weiß ich nichts mit ihr anzufangen.“ Bronia drängt, sie zögert und schwankt, und erst weit über ein Jahr später sitzt sie auf einem Holzklappstuhl der 4. Klasse der Dampfeisenbahn von Polen nach Frankreich mit kaum mehr dabei als ihrem Willen, nun doch eisern weiterzumachen.

Das Geburtshaus von Marie Curie in der Fretastraße in Warschau. Heute beherbergt es ein nach ihr benanntes Museum.

Die Sorbonne in Paris, 1905

Marie und Pierre einige Monate nach ihrer Hochzeit im Jahr 1896

Und eisern muss sie sein. Da ist allein schon die Sprache der Vorlesungen und der Bücher ihres Physikstudiums, die sie sich zäh beibringen muss, da sind die Gebühren der Sorbonne, an der sie eingeschrieben ist, und da ist ihr fast hoffnungsloser Rückstand, denn trotz ihres emsigen Eigenstudiums der letzten Jahre hinkt sie weit hinterher. Ihre Antwort: Sie arbeitet noch härter als bisher. Ein zugiges Zimmer mit einem Eisenofen gegen die schlimmste Kälte, kaum warmes Essen, für das ihr das Geld fehlt: Schwindel und Ohnmachten, dann bricht sie zusammen. Die Untersuchung ergibt: Überarbeitung und Unterernährung. Und trotzdem schafft sie 1893 ihren Physikabschluss nach kaum drei Jahren als Jahrgangsbeste, um gleich darauf ein Mathematikstudium zu beginnen, das sie 1894 als Zweitbeste beendet. Sie will in die Forschung, aber Forschungsstellen sind rar gesät, für Frauen sowieso. Von den neuntausend Studenten der Sorbonne sind nur rund zweihundert Studentinnen. Doch das Glück der Tüchtigen springt ihr bei. Sie bekommt einen Forschungsauftrag über magnetische Eigenschaften von Stahl, braucht dafür aber einen Laborplatz, und sie findet mehr als nur eine Ecke in einem Labor: „Er sah sehr jung aus, obwohl er damals 35 Jahre alt war. Was mir an ihm auffiel, war der Blick seiner hellen Augen und eine Spur von Lässigkeit in der Haltung seines hochgewachsenen Körpers. Die etwas langsame, bedächtige Sprechweise, seine Schlichtheit, das zugleich ernste und junge Lächeln hatten etwas Vertrauenerregendes." Sein Name: Pierre Curie. Er hat eine schlecht bezahlte Stelle als Laborleiter an der Schule für industrielle Physik und Chemie und er ist wie Marya von der Grundlagenforschung besessen. In seinem Labor darf sie arbeiten, und das schlägt zwar die Brücke zwischen ihnen, seinen Heiratsantrag indes lehnt sie ab.

Marya Sklodowska ist und bleibt Polin. Sie will ihre Arbeit in den Dienst ihres Landes stellen, in das sie nach ihrem Abschluss zurückkehrt. Doch weder in Warschau noch in Krakau findet sie eine geeignete Stelle für sich, und so entscheidet sie, für ein weiteres Jahr nach Paris zu gehen. Und diesmal wirbt Pierre Curie nicht vergebens. Aus Marya Sklodowska wird Marie Curie. Sie heiraten auf dem Standesamt, eine kirchliche Trauung lehnen sie ab, auf teure Ringe und Hochzeitfeier verzichten sie. Von den kleinen Geldgeschenken kaufen sie sich Fahrräder, mit denen sie in ihre Flitterwochen radeln. Zurück in Paris, bereitet sie sich auf die französische Schullehramtsprüfung vor, um als Lehrerin dazuzuverdienen, die sie abermals als Beste besteht, und zwei Jahre später bringt sie ihre Tochter Irène zur Welt, doch die Frage Beruf oder Familie stellt sich ihr nie. Sie will beides. Ihr Ehrgeiz ist zu groß. Um jedoch dereinst als Wissenschaftlerin zu arbeiten, fehlt ihr der Doktorhut und für den Hut ein geeigneter Forschungsgegenstand, und als sie ihn findet, ahnt Marie Curie nicht, dass er ihr Leben für immer wenden wird.

1896 hält der Physiker Antoine Henri Becquerel in Paris einen wenig beachteten Vortrag über seine Entdeckung, dass sich völlig gegen Licht geschützte Fotoplatten dennoch schwärzen, sobald sie neben Uransalzen gelagert werden, und schließt daraus, dass Uran eine bislang unbekannte, unsichtbare Strahlung abgibt. Hellhörig geworden, hat Marie Curie ihr Thema, und Pierre Curie unterstützt ihre Arbeit. Im Winter 1897 beginnt Marie Curie in einer feuchten, ungeheizten Abstellkammer, die ihr Pierre an seiner Schule erbettelte, die Strahlung des Urans zu messen, mit erstaunlichem Ergebnis: Auch bei ständig veränderter Temperatur, Feuchtigkeit oder Druck bleibt die abgegebene Strahlung immer gleich. Die Strahlung nennt Marie Curie „Radioaktivität", und sie stellt die waghalsige These auf, dass die unbekannte Strahlung von den Uranatomen selbst ausgeht. Das jahrtausendealte physikalische Weltbild, dass Atome die unteilbaren, unveränderlichen Bausteine der Natur sind, gerät damit ins Wanken, und die Forschung Ernest Lord Rutherfords wird ihr rasch recht geben. Die Strahlung beruht auf dem Zerfall instabiler Atome. Doch ihre Forschung bringt noch Weiteres zutage. Die Curies stellen fest, dass Pechblende, ein Uranmineral, das im Erzgebirge für die Glasherstellung geschürft wird, weit stärker strahlt, als das darin enthaltene Uran erklären kann. Ihre Schlussfolgerung: In der Pechblende muss ein weiteres bisher unbekanntes strahlendes Element enthalten sein.

„Wenn das Vorhandensein dieses neuen Metalls sich bestätigen sollte, schlagen wir vor, nach der Herkunft eines von uns es Polonium zu nennen."

Ihr Doktorvater beeilt sich, ihre Ergebnisse der französischen Akademie der Wissenschaften vorzutragen, denn auch im Wettlauf der Wissenschaftler zählt nur, der Erste zu sein. Und damit nicht genug, denn Pechblendenreste, die weder Uran noch Polonium enthalten, strahlen dennoch, und dies kann nur bedeuten: In der Pechblende ist ein zweites unbekanntes Element enthalten. 1898 geben sie ihre Entdeckung bekannt. Name des Elements: Radium. Doch Pierre und Marie Curie wollen mehr als nur den Nachweis der Strahlung zweier neuer Elemente. Sie wollen die Elemente selbst in Händen halten und ziehen dafür in die Hinterhofbaracke der Physikschule, die den Rekord an Unbequemlichkeit hält. Ein Besucher: „Es war eine Kreuzung zwischen Stall und Kartoffelkeller, und wenn ich nicht die chemischen Apparate auf dem Arbeitstisch gesehen hätte, hätte ich das Ganze für einen Witz gehalten."

Sie hoffen, aus hundert Gramm Pechblende etwa ein Gramm der neuen Stoffe zu isolieren, doch sie täuschen sich gewaltig, und für Marie Curie beginnt neben Haushalt und Kind die reinste Sklaverei, an deren Ende sie wissen wird: Um ein Gramm Polonium zu gewinnen, sind rund dreißigtausend Tonnen Pechblende nötig. Zu ihrem Glück ist der Radiumgehalt ungleich höher, doch auch dafür brauchen sie Tonnen. Eine weitere Schwierigkeit: Pechblende ist sündhaft teuer. Woher sie nehmen? Ihre Lösung: Das Uran ist für ihre Forschung unnötig, Pechblendenabfall genügt, doch auch der ist nicht so einfach zu kriegen. Die französische Wissenschaftsakademie aber kommt ihnen zu Hilfe und vermittelt ihnen sechzig Tonnen des Abfalls, für die sie allerdings den Transport bezahlen müssen. Als das Material eintrifft, ist das der Anfang der Schufterei, um Radium zu gewinnen. „Wir mussten in unserem Schuppen riesige Behälter aufstellen, die Flüssigkeiten und Bodensatz enthielten. Diese Behälter von einer Stelle zur anderen zu tragen und deren Inhalt umzugießen, war eine kräftezehrende Arbeit. Auch das stundenlange Kochen dieser Massen und das unaufhörliche Rühren mit einem Eisenstab ermüdeten mich." Daneben schreibt Marie Curie wissenschaftliche Aufsätze und nimmt eine Halbtagsstelle als Lehrerin an, um Geld für Haushalt und Kind aufzutreiben, denn die Wissenschaftspreise, die sie und ihr Mann gewinnen, reichen kaum für ihre Forschungen aus, für die ihnen die französische Akademie zumindest einen Kredit gewährt. Ihre Müdigkeit schiebt sie auf die Last dieser Jahre, doch was sie nicht weiß: Die Entzündung ihrer Fingerspitzen und Pierre Curies Knochenschmerzen sind die Vorboten einer Krankheit. Bei aller Erschöpfung aber gehen sie immer noch einen Schritt weiter: Als sie merken, dass ihre Haut in der Nähe der Radioaktivität verbrennt, beginnt Pierre Curie mit zwei Ärzten die medizinischen Möglichkeiten der Radioaktivität auszuloten, um mit ihr Zellgewebe zu zerstören. Er klebt sich dafür Strahlungsmaterial auf den Unterarm und beobachtet die Entwicklung der Verbrennung, die erst nach Wochen abheilt. Der Selbstversuch steht am Anfang der Strahlentherapie der Krebsbekämpfung. Überaus bemerkenswert dabei: Trotz dauernder Geldknappheit werden weder Pierre noch Marie Curie zeitlebens auch nur ein Patent anmelden. Sie sind überzeugt, ihre Arbeit gehört der Menschheit. An ihren Entdeckungen verdienen daher sehr viele sehr gut, nur sie selbst nicht.

28. März 1902: Marie Curie hat nach vier Jahren Knochenarbeit aus den sechzig Tonnen Pechblende ein Zehntel Gramm Radiumsalz gewonnen, aus dem sie in weiterer langer, mühseliger

Anstrengung metallisches Radium lösen wird. „Wenn man die Summe der Arbeit überblickt, die es gekostet hat, ist es sicherlich das kostspieligste Element der Welt." Geschafft. Der Durchbruch ist da, und selbst die englische Royal Society ringt sich im Jahr darauf dazu durch, zusammen mit Pierre Curie erstmals eine Frau einzuladen. Er hält in London den Vortrag, Marie darf zumindest unter den Zuhörern sitzen, und Tage später verteidigt sie in Frankreich gekonnt ihre Doktorarbeit vor den Prüfern. Sie ist fünfunddreißig Jahre alt, sie ist die erste Frau, die an der Sorbonne in Naturwissenschaften den Doktorgrad zugesprochen bekommt, ihre Doktorarbeit wird in fünf Sprachen übersetzt und ständig neu aufgelegt werden – und sie ist schwanger. Wochen später entbindet sie von einem Mädchen, das nach wenigen Stunden stirbt. Die Strahlenbelastung der letzten Jahre und die Siededämpfe, die giftig sind? Marie Curie ist endgültig so schwach, dass sie eine Auszeichnung der Royal Society nicht entgegennehmen kann. Pierre Curie fährt deshalb allein nach London, und als er zurückkommt, erreicht beide die Nachricht schlechthin: Die Akademie der Wissenschaften in Stockholm hat Henri Becquerel und ihnen den Nobelpreis für Physik zuerkannt. Marie Curie ist die erste Frau, die den Preis erhält, und das auf dem männerbeherrschten Gebiet der Naturwissenschaft. Doch nach Schweden zu reisen, schaffen sie beide nicht, denn auch Pierre Curie fühlt sich unterdessen ernsthaft krank. Der französische Gesandte nimmt den Preis und vor allem das Preisgeld für sie in Empfang. Glücklich sind sie dennoch, das Glück aber währt nicht.

„Eine Idylle im Physiklabor, das hat die Welt noch nicht gesehen":

Die französischen Schlagzeilen überbieten sich. Eine Polin in Paris, Forscherliebe, harte Armutsjahre, die Arbeitsmühen, die Hinterhofbaracke, der Erfolg, das alles steigert die Auflagen. Als Marie Curie mit Eve abermals eine Tochter zur Welt bringt, die überlebt, scheint das Glück endgültig einzukehren, denn für Pierre Curie wird ein eigener Physiklehrstuhl eingerichtet, mitsamt Labor und Assistentenstellen, der zudem endlich ordentlich bezahlt ist. Am 19. April 1906 jedoch endet alles mit einem Schlag. Ein Regentag. Pierre Curie hat seinen Schirm aufgespannt. Er überquert eine Straße und übersieht ein Fuhrwerk. Der Kutscher kann die Pferde auf dem glitschigen Pflaster nicht rasch genug zum Stehen bringen. Pierre Curie wird überrollt, sein Kopf zerquetscht. Er ist auf der Stelle tot.

„Ich verbringe meine Tage arbeitend im Laboratorium, das ist alles, was ich tun kann!" Marie Curie vergräbt sich in Arbeit, und der unbegreifliche Verlust wird ihr lange unerträglich bleiben, doch schon vier Wochen nach dem schlichten Begräbnis ist für sie das Atemholen vorbei. Die

Sorbonne ernennt sie zur ersten außerordentlichen Professorin. Sie übernimmt den Lehrstuhl des Verstorbenen. Ihre Antrittsvorlesung hält sie am 5. November 1906. Eine halbe Stunde vor Beginn wird der Hörsaal geöffnet, Minuten später muss er geschlossen werden. Er platzt aus allen Nähten. Dann wird sie angekündigt: „Madame Curie wird keine Ansprache halten und keine offizielle Einführung geben, sondern an der Stelle fortfahren, wo Professor Curie den Kurs abgebrochen hat." Zwei Jahre darauf wird sie ordentliche Professorin auf seinem Lehrstuhl und ist damit nach der russischen Mathematikerin Sofia Kowalewskaja die zweite Professorin der europäischen Wissenschaftsgeschichte. Und doch stehen ihr nicht alle Türen offen. Als sie sich um einen frei gewordenen Sitz in der französischen Akademie der Wissenschaften bewirbt, wird sie abgelehnt. Begründung: Die Tradition verbiete weibliche Mitglieder. Erst ein halbes Jahrhundert später, 1962, wird Marguerite Perey, zeitweise Assistentin Marie Curies und Entdeckerin des Franciums, aufgenommen werden.

„Mein Leben ist zerstört, dass es sich nie mehr einrichten wird. So ist es, so wird es bleiben, und ich werde nicht versuchen, es zu ändern. Ich habe den Wunsch, meine Kinder so gut wie nur irgend möglich zu erziehen, doch sind auch sie nicht imstande, mich zum Leben zu erwecken." Noch immer begräbt sie sich in ihrer Arbeit. Sie lebt in ihrem Elfenbeinturm der Forschung, Bekanntschaften außerhalb der wissenschaftlichen Welt vermeidet sie. Dann aber beginnt sie ein Verhältnis mit Paul Langevin, einem Schüler Pierre Curies, dessen Neutronenforschung die Grundlage für Kernreaktoren sein wird, und nun wird ihr Ruhm zum Fluch. Langevin ist verheiratet, Ehebruch aber ist strafbar, und so stürzt sich die Presse auf sie, nachdem Langevins Frau ihr mit Mord drohte und die Scheidung einreichte. Begründung: „Verkehr mit einer Konkubine in der ehelichen Wohnung." Dazu werden ihre Liebesbriefe gestohlen, und sie muss fürchten, sie abgedruckt zu sehen. Als im Winter 1911 tatsächlich Auszüge daraus erscheinen, überschlagen sich die Titelseiten. Die einen greifen sie an, die anderen verteidigen sie. „Fremde", „Ausländerin", „Zerstörerin eines französischen Heims" – Marie Curie steht am Pranger. Im Streit um sie werden fünf Duelle ausgetragen, an einem ist Paul Langevin beteiligt, doch der Schusswechsel unterbleibt. Mit der Trennung Langevins von seiner Frau ebben die Vorwürfe zwar ab, doch auch Marie Curie und Paul Langevin gehen getrennte Wege und die Vorwürfe gegen sie bleiben an ihr haften. Dass Marie Curie vier Tage nach den ersten Angriffen den Nobelpreis für Chemie erhält, ändert daran nichts.

Ihr Nobelpreis für Physik war außergewöhnlich, der zweite Nobelpreis für Chemie ist eine Sensation, die sich fünfzig Jahre lang nicht wiederholen wird. Marie Curie ist die einzige Frau unter vier Gewürdigten, die überhaupt zwei der Preise bekommt, und neben dem Chemie- und Friedensnobelpreisträger Linus Pauling die Einzige, die ihn auf zwei unterschiedlichen Gebieten erhält. Und: Ihre zweite Tochter Irène Curie, die sie nach Stockholm begleitet, wird Jahre später für die Entdeckung der künstlichen Radioaktivität gleichfalls mit dem Nobelpreis für Chemie ausgezeichnet werden. Und noch ein Erfolg: Marie Curie wird am 31. Juli 1914 Leiterin des

Marie und Pierre Curies älteste Tochter tritt in die Fußstapfen der berühmten Eltern: die französische Physikerin Irene Joliot-Curie mit Albert Einstein in Princeton, USA

Radium-Instituts der Sorbonne, die Arbeit aber kann sie nicht aufnehmen. Zwei Tage später: Kriegserklärung des Deutschen Reichs an Frankreich. Erster Weltkrieg.

Die vier Jahre des Krieges: Um sie aus Paris in Sicherheit zu bringen, birgt sie ihre überaus kostbaren Radiumproben in einem mit zwanzig Kilo Blei ummantelten Koffer und reist auf Anweisung der Regierung in den Süden nach Bordeaux. Dort muss sie jedoch mit dem Koffer neben ihrem Bett in einem Hotel übernachten, ehe sie die sündteure und höchst gefährliche Fracht in einem Bankfach wegschließen kann. Danach kehrt sie nach Paris zurück und arbeitet als Radiologin für die Medizin. Sie gründet Röntgenstationen, doch in den Krankenhäusern fällt zu oft der Strom aus, und Röntgengeräte sind noch selten und die Verwundeten an der Front zu weit weg. Ihre Idee: Nicht die Soldaten kommen zum Röntgen, sondern das Röntgen zu ihnen. Sie stattet den ersten von zwanzig Röntgenwagen aus und macht den Führerschein, um die Wagen selbst fahren zu können, und trotz ihrer verfallenden Gesundheit reist sie unermüdlich von Lazarett zu Lazarett, um Ärzten und Schwestern die neue Technik nahezubringen. Albert Einstein: „Hatte sie einen Weg für richtig erkannt, so verfolgte sie ihn ohne Kompromisse mit äußerster Zähigkeit." Als der Krieg 1918 endet, ist Marie Curie fünfzig Jahre alt und zerrüttet. Die hochgiftige Strahlung, der sie jahrzehntelang ausgesetzt war, zeigt ihre schleichende Wirkung.

„Die größten Sorgen bereiten mir meine Augen und Ohren. Meine Augen sind sehr geschwächt und man kann wahrscheinlich nicht viel dagegen tun. In den Ohren peinigt mich ein fast ununterbrochenes, oft sehr lautes Sausen." Gallensteine, schmerzende Finger, vier Augeneingriffe halten sie dennoch nicht davon ab, ihren Weltruhm für die Forschung einzusetzen. Nach dem Weltkrieg ist für sie das immer knappe Geld noch knapper. Die menschenmordenden Schlachten haben Frankreich ausgeblutet. Was ihrem Institut fehlt, ist Radium, um ihre Forschungen fortzusetzen, ein einziges Gramm aber kostet irrwitzige 100 000 Dollar. Doch sie bekommt unerwartete Hilfe. Die pressescheue Marie Curie empfängt die Amerikanerin Mary Mattingley Melonie. „Seit zwanzig Jahren arbeitete ich als Journalistin, aber ich brachte es nicht fertig, dieser wehrlosen Frau im schwarzen Baumwollkleid auch nur eine einzige Frage zu stellen." Sie freunden sich an, und anders als die zurückhaltende Forscherin weiß sie sich durchzusetzen. Sie hat die Ellenbogen, die Marie Curie braucht, und sie heckt einen Plan aus. Sie versucht bei reichen Amerikanerinnen Geld aufzutreiben. Als die sie indes abblitzen lassen, beginnt sie eine landesweite Sammlung, die nach kaum einem Jahr Erfolg hat. Sie überzeugt Marie Curie, in die Staaten zu reisen, um das Gramm Radium selbst in Empfang zu nehmen, und sie kommt, und als sie kommt, steht sie im Blitzlichtgewitter. Tausende begrüßen sie im Hafen, und Tage später übergibt ihr im Weißen Haus der amerikanische Präsident Warren G. Harding eine ungefährliche Nachbildung des Radiums in einem Glasröhrchen. Marie Curie aber besteht darauf, dass nicht ihr, sondern ihrem Institut das Radium gehört. Tage darauf ein erster Schwächeanfall, und dennoch geht sie auf Rundreise, besucht Universitäten, Labore, Forscher, und dazu Empfänge und Bankette, die für sie gegeben werden. Neun Ehrendoktorhüte werden ihr verliehen, die Universität von Harvard allerdings verweigert ihr die Auszeichnung, weil sie seit 1906 nichts Wichtiges mehr geleistet habe. Dann ein zweiter Schwächeanfall. Die ständigen Einladungen zehren zu sehr an ihr, und so kehrt sie nach gut acht Wochen nach Frankreich zurück.

Besonders eines aber hat sie die Reise gelehrt: Forschungsarbeit ist wichtig, ebenso wichtig jedoch ist, für die Forschung zu werben, um ihr die nötigen Gelder zu beschaffen. Wissenschaftler, sagt sie, seien Träumer, doch Träume zu leben, koste. Sie zu ermöglichen, dafür steht sie ein und dafür reist sie unermüdlich jahrelang: Südamerika, Ferner Osten, Europa, dann noch einmal nach Nordamerika, das sie wieder rauschend empfängt. Reisejahre, Erschöpfungsjahre, in denen sie sich bewahrt, was sie ein Leben lang prägte: die Neugier. „Ich beschäftige mich nicht mit dem, was getan worden ist. Mich interessiert, was getan werden muss." Die forschende Wissbegier beherrscht weiter ihr Leben. Von dem wilden Lebensrausch der Zwanziger Jahre bekommt sie nichts mit. Was sie sich indessen nicht bewahren kann, ist ihre Gesundheit. Marie Curie stolpert und bricht sich das Handgelenk. Ein einfacher Bruch, doch er heilt nur schlecht. Die Schmerzen in den Fingern verschlimmern sich. Weil angenommen wird, sie leide an Schwindsucht, reist sie zur Erholung in die Schweizer Alpen, dort aber sinkt die Zahl ihrer roten Blutkörperchen besorgniserregend rasch, denn sie leidet nicht an Schwindsucht, sondern an bösartiger Blutarmut, die nicht aufzuhalten ist. Marie Curie stirbt am 4. Juli 1934. Begraben wird sie neben Pierre Curie. Ihr Institut wird nach ihr benannt, ein neu entdecktes Element, das Curium, trägt ihren Namen, die Strahlungsaktivität radioaktiver Stoffe wurde lange in Curie gemessen, und sechzig Jahre später werden beider Gebeine in das Pantheon von Paris überführt, in dem die Großen Frankreichs ruhen, wie Jean-Jacques Rousseau, Voltaire, Alexandre Dumas oder Victor Hugo – und Paul Langevin.